Et Diego se déconnisa…

Fabrice Serolf

Et Diego se déconnisa…

Roman

© 2024 Fabrice Serolf

Édition : BoD • Books on Demand GmbH, In de Tarpen 42, 22848 Norderstedt (Allemagne)
Impression : Libri Plureos GmbH, Friedensallee 273, 22763 Hamburg (Allemagne)

Illustrations de Fabrice Serolf
Avec l'aide d'Elvina pour le graphisme en 1ère couverture

ISBN : 978-2-3225-2458-7
Dépôt légal : Mai 2024
2ème édition – septembre 2024

AVANT-PROPOS

Il est des rencontres qui déterminent la suite de notre chemin de vie. Colette, thérapeute de l'âme, fut l'une d'entre elles. J'avais 23 ans lorsque ma cousine Nathalie, me voyant effondré, en plein chagrin d'amour, m'avait conduit auprès d'elle.
Une fois rétabli, je voulus plus, je souhaitais m'améliorer, me « déconniser »

Déconnisation* *:* *Définition. Nom commun. Féminin. (Néologisme). Processus consistant à enlever de la connerie de soi par la prise de conscience des choses.*

Se déconniser* *: Verbe intransitif. (Néologisme). Se dit d'un individu qui enlève la connerie qu'il a en lui par la prise de conscience des choses pour voir le monde d'une toute autre manière, avec sagesse et humilité. Ce terme fut prononcé pour la première fois par Colette, grande thérapeute de l'âme, malheureusement méconnue du grand public, décédée le 11 mai 2016, enterrée à St Jean-de-Bournay (38) en toute humilité.*

*Définitions extraites du Manuel de Déconnisation

Voilà deux termes qui ne sont pas encore inscrits dans le dictionnaire, qui désignent ce qui touche tout être humain qui cherche à déconnecter les mauvaises programmations qu'il a en lui pour s'élever spirituellement.

Ces deux mots ont fait leur apparition officielle pour la première fois dans le Manuel de Déconnisation élaboré par Fabrice Serolf sous l'inspiration de Colette en l'an de grâce 2020.

Pour se déconniser, il faut en finir avec celui que l'on était pour devenir quelqu'un de nouveau. L'épreuve est rude, car tout comme le phénix, cet animal mythique qui renaît de ses cendres, il s'agit d'accepter de se distancer de celui que l'on était jusqu'à le perdre…

Le 4 août 2020 fut peut-être le plus beau jour de la vie de Diego, car en cette belle journée d'été, il vécut l'expérience ultime qui bouleversa sa vie… Le 4 août 2020 à 18H28, Diego mourut.

CHAPITRE 1

A L'ECOLE DE LA VIE : UNE DÉCONNISATION PROGRESSIVE

19 ans – Rachel et les concours de circonstances

Diego – Tableau psychiatrique :

Profil abandonnique. Dépendance affective assortie d'un syndrome de Dom Juan.

Etude de cas extraite du Manuel de Déconnisation

Diego avait 19 ans. Pas très grand, brun, la peau mate, yeux marron en amande, un sourire charmeur, il aimait les femmes à la belle plastique. C'était un petit con prétentieux, arrogant et narcissique qui semblait vivre pour plaire. Ce petit tombeur de ces dames additionnait, voire conjuguait les relations sentimentales se prenant quelques claques de la part de jeunes filles appréciant peu d'être considérées comme de vulgaires trophées.

Cette année-là, il avait rencontré la petite Rachel autour d'un feu de camp interdit sur le bord de mer comme il y en avait encore dans les années 90.

Rachel était particulièrement jolie et le jeune homme avait jeté son dévolu sur elle. Cette même nuit, comme pris dans un tourbillon torride et fougueux de baisers, les deux jeunes entrèrent dans la toile de tente canadienne de Diego et passèrent la nuit entière à s'étreindre sauvagement, sous le regard impassible d'une mante religieuse qui se tenait accrochée sur la partie grillagée en nylon de la toile.

Après avoir passé trois jours dans les bras l'un de l'autre au camping de Portiragnes, Diego devait partir.

Il y eut les adieux déchirants que l'on trouve ridicules quand on y repense 30 ans plus tard, l'échange d'adresses et de téléphone, et les promesses de se revoir que l'on ne tient habituellement jamais.

Et pourtant… Diego et son cœur d'artichaut étaient bien décidés à revoir Rachel.

Le cœur a des raisons que la raison ne connaît pas, dit-on. Et lorsque l'on est amoureux, on est bien souvent hors sol. Cet imbécile de Diego semblait s'être élevé dans les airs à mille lieux de la terre ferme tel un ballon gonflé à l'hélium.

En cette année de grâce 1992, il existait un rite de passage à l'âge adulte nommé « service militaire ». Aussi, deux jours après être rentré chez sa môman (chez laquelle il vivait, n'ayant pas encore coupé le cordon), il se décida à résilier le report de son temps d'armée.

Quand Diego s'amourachait d'une fille, ce n'était pas à moitié, et là il s'était mis dans le cœur et dans la tête qu'il rejoindrait Rachel en faisant son service militaire près de chez elle. Le problème était que la jeune fille habitait chez ses parents, dans un bled perdu dans la Lozère, près de Mende.

Le jeune homme se rendit au Quartier Général Frère, la base

militaire de Lyon.

« Bonjour, j'aimerais partir près de Mende. », avait-il déclaré à l'Officier Conseil qui l'accueillait.

« Bien… Mais vous voulez être dans l'Armée de Terre ? L'armée de l'Air ? La Marine ?... », lui répondit celui-ci interloqué.

« Peu importe, du moment que je suis près de Mende ! »

L'Officier Conseil regarda sur une carte de France.

« … Eh bien… Il n'y a rien à Mende ! C'est un trou paumé !... La base la plus proche est à 150 kilomètres de Mende… à Nîmes ! »

« Eh bien va pour Nîmes ! … S'il n'y a pas plus près… », dit Diego déterminé.

Dix jours plus tard, Rachel avait quitté le camping à son tour, et Diego entreprit de la rejoindre une semaine.

Il prit deux trains, puis un bus car aucun train ne desservait ce lieu perdu dans la nature.

Il s'assit au fond du bus et une jeune fille prit place sur le siège d'à côté. Ils engagèrent une discussion dans laquelle elle lui glissa qu'elle suivait une formation en apprentissage dans la photographie. Allons savoir d'où viennent certains déclics qui orientent notre vie dans un sens ou un autre, Diego eut l'un de ces déclics. Il pensa à sa sœur qui cherchait sa voie professionnelle… Il récupéra les coordonnées de l'institut de formation dans lequel travaillait la jeune fille, puis en ce temps où les téléphones portables n'existaient pas encore, il transmit tout cela à sa mère depuis une cabine téléphonique.

Arrivé à bon port, il prit dans ses bras celle qu'il pensait être l'amour de sa vie, et prit plaisir à faire des galipettes en tous genres avec elle pendant son séjour d'une semaine, puis repartit dans des adieux « adolescentriques » tout aussi déchirants que les premiers pour travailler durant le mois d'août en tant qu'animateur auprès d'adolescents au centre de vacances de Saint Offenge, petit village perdu près d'Aix les Bains.

Encore une fois, les téléphones portables n'existaient pas encore, et les cabines téléphoniques étaient de vraies mange-fric. Aussi, maintenir un lien à distance une fois par semaine par un bref coup de fil interrompu parce que l'on n'a plus de monnaie à mettre dans l'appareil, était chose risquée à un âge où loin des yeux, loin du cœur, les amours éternelles ne duraient le plus souvent que quelques semaines voire quelques jours.

Au beau milieu de la colonie de vacances, le petit animateur pleurait toutes les larmes de son corps. Sa bien-aimée venait de lui annoncer que pendant qu'il était loin d'elle, son voisin lui faisait faire des tours de poney… et pas que...
   « Et puis, lui, il habite à côté de chez moi et il va se faire réformer… alors que toi, on ne sait pas encore où tu seras affecté »… Telle fut l'explication de Rachel.

Diego se consola rapidement dans les bras de Clara, animatrice aux gros nichons qui lui servit de pansement. Puis, quand il rentra à la maison, un courrier l'attendait sur la table du salon.
La lettre lui indiquait qu'il devait partir sur la base militaire à Nîmes le 1er octobre 1992. En d'autres termes, « Bienvenue chez les fusiliers commandos parachutistes de l'air ! ».

Diego poursuivit la relation avec Clara. Elle s'était offerte à lui au centre de vacances de Saint Offenge et, sans se poser davantage de questions, il prit cela comme un cadeau du ciel.

Une partie du problème résidait dans le fait que toute histoire connaît une fin, et que lorsque l'on a un profil abandonnique, séparation rime avec damnation. La deuxième partie du problème, était que dans le royaume de la superficialité, rares sont les amours solides qui perdurent dans le temps. Ainsi, Diego eut vite fait de tourner en rond dans cette relation.

Un matin, alors qu'il roulait au volant de sa première voiture, une R5 bordeaux, son regard fut attiré par une affiche publicitaire sur laquelle une énorme mante religieuse tenait entre ses pinces un sachet de thé à la menthe « Thé glacé de la Menthe Religieuse, une boisson fraîche pour étancher votre soif ! »… Diego avait la curieuse sensation d'être poursuivi par cette bestiole qu'il croisait un peu partout sur son chemin. Mais pourquoi ce gros insecte vert l'intriguait-il ?... Il demeura perplexe un instant lorsqu'un chauffard interrompit le cours de ses pensées en se rabattant brutalement devant lui.
« Eh connard !! », hurla Diego.
S'il avait pu le broyer entre ses doigts… Diego se ressaisit et

poursuivit son chemin ressassant sa frayeur et sa frustration de ne pouvoir faire payer ce danger public. Ses pensées d'impuissance et de colère le dévoraient lui faisant oublier la mante religieuse.

Le jeune sportif hyperactif en quête de mouvement, d'activités extrêmes en tous genres, découvrait face à lui une jeune femme molle, casanière, qui préférait camper devant sa télé en buvant de la tisane, plutôt que faire du saut à l'élastique. Malgré toutes les différences qui les opposaient et qui auraient conduit n'importe qui à mettre un terme à cette histoire sans avenir, il maintenait ce lien. Sans doute était-il gratifiant pour le jeune séducteur de s'exhiber main dans la main avec sa conquête sous le regard envieux et parfois même jaloux des autres hommes. Bien au-delà de cela, le visage attendrissant de ce petit charmeur dissimulait une âme tourmentée en quête de confiance en soi et de reconnaissance de la part des autres.

Après avoir fait ses classes à Nîmes, Diego fit son temps d'armée à Aix-en-Provence. Chez les fusiliers commandos parachutistes de l'air, il trouvait un équilibre de vie, tantôt crapahutant dans la garrigue, F.A.M.A.S. à la main, tantôt retrouvant Clara chez ses parents qui vivaient non loin, durant ses permissions.
Au début, les deux jeunes gens étaient heureux de se rejoindre sur le quai de la gare. Une main trapue tenait fermement des doigts fins et délicats. Tous deux arpentaient les rues d'Aix en Provence, lui, musclé, attitude dynamique, baskets aux pieds, vêtu très simplement d'un pantalon et d'un blouson en jean recouvrant un tee shirt blanc, et elle, stature élancée, brune, habillée chiquement d'une robe noire, des colliers de perles et bracelets en tous genres ornant son corps. Les deux silhouettes formaient un couple improbable. Perchée sur ses hauts talons,

elle le surplombait de quelques centimètres, et ils déambulaient tels Don Quichotte et Sancho Pansa se tenant par la main.

Très rapidement, une forme d'ennui s'instaura chez Diego, et les disputes prirent le dessus sur le plaisir d'être ensemble. A vrai dire, ce pseudo-couple avait tellement peu en commun, à part peut-être « faire sexe ».

Le temps s'écoulait lentement, Diego accomplissant son devoir militaire, chaussé d'une paire de rangers, et vêtu d'un treillis, d'un béret. Se rendre auprès de Clara était de moins en moins plaisant. Les querelles pour des futilités qui mettaient en scène l'ego de Diego étaient de plus en plus fréquentes et de plus en plus intenses. La relation se dégradait peu à peu. Le regard vif et pétillant de Diego cherchait à échapper à la lassitude des yeux bleu-gris, mornes et délavés de Clara. Le jeune homme pensait à rompre…

Clara parlait régulièrement d'avenir et cela oppressait Diego qui trouvait déjà bien trop longues les journées passées avec elle.

Comment trouver le courage de dire stop à une relation ? Comment couper le lien quand on est abandonnique ? Curieux mélange de sentiments : à la culpabilité de blesser l'autre, s'entremêlait l'angoisse du vide de la solitude.

Diego en avait pris son parti. Il passait un peu de temps avec Clara, puis allait respirer auprès de ses camarades de régiment…

L'armée avait bon dos ! Tandis qu'il n'envisageait que de courtes parenthèses avec Clara, celle-ci idéalisait la vie à deux. Elle lui parlait d'appartement, de bébé… Diego suffoquait.

Son service militaire venait de s'achever et l'étau se resserrait. L'idée d'une vie en couple se précisait.

Sa liberté était précieuse, et « le quotidien, ce n'est pas les vacances », pensait-il.

« Comment lui dire non ? »

Curieux paradoxe : alors qu'il ne la rendait pas heureuse dans cette relation, l'idée même de casser ses projets et de la voir triste était une souffrance. Trop empathique, le mal de l'autre devenait sien.

« Il faut qu'elle me vire ! », pensa-t-il.

Cette pensée prit forme le jour où la mère de Clara lui présenta un album de photos de famille. Côte à côte, assis sur le grand canapé en cuir, elle lui montrait les traditionnelles photos que ceux qui sont nés dans les années 70 connaissent bien. Il y avait des photos de Noël, sur lesquelles Clara et ses frères et sœurs posaient joyeusement en famille, pantalons à carreaux, pulls bariolés pièces en cuir cousues aux coudes, près du sapin, au milieu des cadeaux. Et au milieu des photos de vacances à la mer et à la campagne, se trouvaient quelques portraits de Tonton Bébert et Tata Lulu attablés lors du repas de mariage de la sœur de Clara. Sur l'une des photos du mariage, les figurines des deux mariés dominaient une pièce montée.

« Prochainement, ce sera toi qui seras là ! », lui avait-elle dit, désignant les mariés du doigt, et en le regardant fixement.

Si Diego avait eu des ailes, il aurait déguerpi pour s'envoler loin, loin, le plus loin possible.

Dans un élan d'hyperactivité, comme si la suractivité lui donnait la sensation d'être vivant, il s'inscrivit à la fac de psychologie tout en se dégotant des petits jobs à gauche et à droite.

Il se sentit pris à la gorge le jour où Clara lui annonça qu'elle avait trouvé un appartement pour faire leur petit nid douillet du côté de Lyon. Le logement était bien situé, « joli », et peu onéreux… Bref, Diego ne put lutter.

Face à cette annonce, et à l'inéluctabilité d'une vie à deux, la sangle qui l'étranglait se resserra d'un cran supplémentaire, et des mots qui résonnaient déjà en lui prirent plus d'ampleur, revenant sans cesse en boucle.

« Il faut qu'elle me vire, il faut qu'elle me vire ! »

Deux mois plus tard, Clara avait la joie de détenir entre ses mains les clés de l'appartement.

Diego avait lui-aussi le double du trousseau dans ses mains, mais il portait en lui la même déprime que l'ours du Parc de la Tête d'Or, résigné à vivre derrière les barreaux de sa cage. Accompagné de ses parents lorsqu'il avait 5 ans, il avait vu l'animal tourner en rond, enfermé dans son enclos de 9 ou 10 mètres carrés bétonnés, sous les rires des enfants et le regard d'un public curieux et bruyant. A présent, il le comprenait, car c'était un peu lui, cette bête prise au piège. Dans le regard de Diego comme dans celui de l'ours du Parc de la Tête d'Or, on pouvait lire la résignation, et derrière la résignation le secret espoir d'une délivrance.

Le père de Clara avait fait un ultime aller-retour avec une remorque pour installer les meubles de la chambre de sa fille dans l'appartement. Assis sur le fauteuil en osier que Clara avait importé de chez elle, cafardeux, le regard de Diego se perdait, balayant lentement un tour d'horizon de gauche à droite.

A gauche, une fenêtre sans rideaux qui donnait tristement sur un parking, un mur blanc cassé suivi d'un autre, et en haut de ce mur, de la peinture craquelée. En face de lui, un carton de déménagement posé sur le lino beige, au milieu de la pièce, rendait ce lieu vide. Puis, il y avait l'encadrement de la porte blanche qui donnait sur le couloir, et à sa droite le clic-clac de Clara. Diego leva les yeux et discerna quelques auréoles sur le plafond blanc autour du luminaire, qui n'était qu'une ampoule habillée d'une sorte de chapeau en osier... appartenant à Clara. Les autres pièces, sobres, respiraient autant la déprime. Deux cartons étaient stockés dans la grande cuisine vide. Dans la salle de bain, un meuble bleu clair classique comme on en faisait dans les années 80 était calé sous le lavabo blanc, banal, et au-dessus, se tenait le miroir d'une armoire à pharmacie. Une chambre, au sol moquette marron, tachée de part et d'autre, murs blancs, fenêtre sans rideaux, était déserte à pleurer. Et puis il y avait une autre chambre, à la tapisserie blanche et bleue, agrémentée des objets de Clara : un placard en pin, un lit en bois, une table de chevet elle-aussi en pin, posée sur une moquette bleu-gris, couleur des yeux de Clara.

Diego n'aspirait qu'à fuir cet univers morose pour respirer l'air pur qu'offrait le monde extérieur. Il avait l'impression de payer pour un appartement qui était la réplique de la chambre de Clara. C'était son projet à elle, il ne se sentait pas chez lui, et il n'arrivait toujours pas à le lui dire...

Portant à lui seul, toute la lâcheté masculine du monde entier, il entreprit inconsciemment d'être exécrable. Fuyant son domicile, il était tantôt à l'université, tantôt sur un lieu de travail, traînait les pieds pour rentrer après son entraînement de judo, ou encore partageait avec ses amis un dernier verre qui ne cessait de se remplir. Diego partait tôt et rentrait tard. Il désertait ce domicile dans lequel, du plus profond de son cœur, il n'avait jamais voulu s'investir, et qu'il regagnait la boule au ventre dans la nuit.

Un mois après leur mise en ménage, Diego retrouva Clara effondrée, en larmes. Face aux absences de Diego, dans une région qu'elle ne connaissait pas, sans travail, les yeux bleu-gris de Clara, humides, étaient plus délavés que jamais. Confrontée à une profonde solitude, elle craqua :

« Je n'en peux plus Diego ! Je n'en peux plus... Tu n'es jamais là ! Je n'en peux plus ! »

Décidément, Clara était bien loin de la vie de princesse qu'elle avait idéalisée. Où était le prince charmant qu'elle s'était imaginé ?

L'univers nous donne ce qu'on lui demande. Et Diego avait

tellement prié :
« Pourvu qu'elle me vire ! Il faut qu'elle me vire ! »
Mais l'univers exauce nos vœux... à sa manière.

« Je ne veux plus de cette relation !... Je ne veux plus de toi !...
Dégage !»
« - ... Diego, j'ai rencontré quelqu'un ! », lui lança-t-elle.
« - Quoi ?! Mais qui c'est ce type ??!!
-Tu ne le connais pas !... Mais je suis sûre que lui, au moins, me
rendra heureuse ! »
Diego eut le réflexe du petit garçon qui regagne de l'intérêt pour
le jouet qu'on vient de lui prendre. Blessé dans son amour
propre de Dom Juan, il lui demanda pourquoi une telle décision.
Il essaya de la convaincre de laisser une dernière chance à leur
histoire, comme s'il abattait les dernières cartes de son jeu.
Lui qui avait tant espéré ce moment pour échapper à la
culpabilité de trancher, prenait une claque bien méritée qui
venait froisser son orgueil et sa jalousie. Elle le virait !... Et en
plus, parce qu'elle venait de rencontrer un autre mec qui lui
avait ouvert les yeux sur ce qu'elle vivait...
La salope !!
La boule au ventre, il se tenait face à elle. La petite Clara molle
et fragile s'était transformée en un dragon sans pitié.
« En fin de semaine mon père vient récupérer mes meubles. Et
je repars avec lui ! », lui dit-elle sans ménagement.
Il essaya un geste tendre en approchant ses mains de sa taille,
mais elle les chassa fermement.
« Laisse-moi tranquille maintenant ! »
Il comprit que cela marquait la fin du dernier round.

Alors il tourna les talons, franchit le seuil de la porte et tandis
qu'il se dirigeait vers sa Super 5, il entendit le « VLAM ! »
bruyant de la porte qui claqua derrière lui.

Très curieusement, dès qu'il s'assit au volant de son véhicule, sa boule au ventre se dissipa instantanément. Il déclencha le contact de la voiture et sortit du parking, léger, serein.

Les années passèrent et cet idiot de Diego ne put s'empêcher de poursuivre un chemin sentimental empreint de rencontres plus ou moins sordides, plus ou moins belles.
Il avait néanmoins retiré une leçon de cette mésaventure.

*« *Oser dire ''stop'' lorsque la relation n'est pas épanouissante, car être acteur de la séparation vaut beaucoup mieux que de la subir.* »

Leçon de vie extraite du Manuel de Déconnisation

Jocelyne alias Joyce

Curieux de comprendre ce qui animait l'être humain, et peut-être encore plus, ce qui l'animait lui, Diego s'était pris de passion pour l'étude de la psychologie à l'Université Lumière Lyon 2.

Il était parallèlement directeur d'un centre de loisirs qui accueillait des pré-ados et des adolescents dans la commune de Corbas, et avait fait la connaissance de la directrice du centre aéré qui prenait en charge les plus petits. C'était une rencontre des plus banales qui soient. Elle se prénommait Jocelyne et trouvant son prénom trop ringard, préférait se faire appeler « Joyce ».

Diego avait essuyé plusieurs expériences sentimentales qu'il avait vécues comme des échecs. Il voyait autour de lui ses copains construire une vie à deux, et cette image d'un bonheur idyllique avec celle qui pourrait être sa petite âme sœur lui faisait envie. Il était fatigué de chercher celle qui était faite pour lui, et de ressortir, une fois de plus, d'une rupture, le cœur libéré certes, mais à nouveau brisé en se rendant compte qu'elle n'était pas celle qu'il espérait.

La mante religieuse l'avait accompagné tout au long de son avancée, faisant son apparition ici et là, tantôt dans le coin du miroir de la salle de bain, tantôt derrière la porte de la chambre... Elle semblait l'observer, et lui, faisait de même à chaque rencontre. Ses deux grosses pinces terrifiantes auraient pu se prénommer « angoisse ».

Des angoisses ? Diego en était rempli. Angoisse de solitude, angoisse d'abandon, peur d'être trompé, peur d'être trahi...

Mais là, face à Jocelyne, ses angoisses restaient tapies au fond de lui… Peut-être tout simplement parce que l'angoisse pointe le bout de son nez avec la force des sentiments, et que l'intensité n'était pas au rendez-vous...

Il la trouvait jolie. Elle paraissait saine d'esprit. Et il voulut se convaincre qu'elle était celle qu'il cherchait. Il n'éprouvait pas les sentiments passionnés qu'il avait connus avec d'autres dont il portait encore les stigmates. Tant mieux, c'était plus confortable et moins angoissant ! Sans chercher vraiment à savoir qui elle était, il voulut là encore, se convaincre que c'était mieux ainsi.

Pour Diego, le monde était divisé en deux. D'un côté, il y avait les femmes sensuelles que l'on pouvait aimer d'un amour torride et passionnel, avec lesquelles on pouvait vivre une vie intense et pimentée, mais avec lesquelles, accompagné de l'idée angoissante de les perdre, les séparations se terminaient toujours par un déchirement incommensurable. Et de l'autre côté, il y avait les femmes mettant en avant leurs qualités maternelles et maternantes, avec lesquelles on pouvait vivre des amours plats, fades, mais rassurants car de faible intensité.

Quel triste monde était celui de Diego ! En proie à ses angoisses abandonniques, il ne concevait pas de pouvoir construire une vie sentimentale si ce n'était que sur des amours médiocres.

De son côté, Jocelyne voyait son horloge biologique avancer. Tandis qu'autour d'elle, les ventres de ses sœurs et amies s'arrondissaient, à 34 ans, elle n'avait toujours pas d'enfant, pire, elle n'avait jamais encore présenté un homme à sa famille.

Diego n'était certes pas très grand, mais il était plutôt mignon, avait une situation stable et paraissait cultivé. C'était l'opportunité !

Neuf mois plus tard, Joyce était enceinte.

Le 14 décembre 2003, naquit Elsa

La fille de Diego, Elsa, vit le jour le 14 décembre 2003, comme un cadeau pour le jour anniversaire de sa maman.

Le 13 décembre au soir était un samedi cette année-là. Diego avait fait venir des invités-surprises et prévu une raclette pour l'anniversaire de sa compagne.

Peu avant le repas, il caressa le ventre arrondi de la future maman et s'adressant au bébé qui s'y logeait, il approcha sa bouche de la membrane qui les séparait et lui murmura : « Tu es gentille Elsa, s'il te plaît, tu nous laisses finir la raclette et ensuite, tu sors quand tu veux !... »

Les invités partirent vers deux heures du matin et peu après que le dernier ait franchi le seuil de la porte, sa compagne lui dit d'un ton serein mais ferme : « Diego, je suis en train de perdre les eaux. »

Le stress fut davantage pour lui qui se mit à faire quelques tours dans la chambre avant de rationaliser les choses et charger la voiture des quelques valises que sa compagne avait méticuleusement rangées dans un coin.

A la clinique, la sage-femme l'associa activement pour aider à l'accouchement. Il pressait le ventre de sa conjointe celle-ci ne ressentant pas les contractions à cause de l'anesthésie du rachis. Le médecin dégagea la tête du bébé, puis ses épaules, et lui fit l'un des plus beaux cadeaux de sa vie en lui proposant de saisir son enfant sous les aisselles pour la sortir du ventre de sa mère.

Il inaugura cette nouvelle vie en coupant le cordon qui reliait sa fille à sa mère, même si celui-ci perdura encore longtemps sur le plan psychique par la suite.

Après avoir annoncé l'heureuse nouvelle aux proches, ceux-ci arrivèrent à la clinique, comme les rois mages (mais en plus nombreux) jusqu'à la crèche, chargés de cadeaux.

Après cette nuit blanche, son beau-père lui proposa une boisson chaude dans un bar situé à deux rues de la clinique.

… Et tandis qu'il prenait place devant son chocolat chaud, une comptine pour enfant chantée par un inconnu dont la voix rappelait celle de Serge Gainsbourg, sortit comme par magie d'un juke-box comme un petit clin d'œil du ciel.

«   Dors, dors, petite Elsa,
      Dors petit cœur, le marchand de sable a sonné l'heure… »

Ce fut un de ces moments forts que la vie réserve à ceux qui savent voir ces petits détails qui apparaissent comme magiques et qui font aimer par-dessus-tout le fait d'exister.

Nul n'est devin, on avance en expérimentant. Et Diego n'aurait jamais parié sur la tournure des événements de sa propre vie. Peu après la naissance d'Elsa, les relations s'étaient détériorées entre Joyce et lui. Il ne s'y retrouvait plus.

Il avait la désagréable sensation d'être transparent. Vivant en couple, avec un enfant, dans une petite maison de campagne, Joyce avait le sentiment d'avoir accompli son idéal de vie. Son caractère taciturne avait peu à peu amené Diego à se distancer de ses proches. Il n'invitait plus à la maison, car cela était source de conflit. Le couple vivait en autarcie, coupé de toute vie sociale.

Dans une volonté inconsciente de reproduire le schéma familial de ses parents, Joyce cherchait à gérer tout ce qui avait trait à la maison. Là où beaucoup d'hommes se seraient résignés à accepter ce type de fonctionnement, Diego réagissait impulsivement, refusant de se soumettre à cette femme aigrie qui lui donnait des ordres.

Elle, insistait sur le confort de l'enfant, et avait la volonté étrange de l'élever sous cloche dans un environnement aseptisé, instaurant un climat calme et silencieux dans le respect des siestes… une sorte de couvent pour Elsa.

Lui, avait l'envie de lui faire découvrir le monde, dans sa diversité, l'emmenant en voyage, à la plage, à la montagne, en Espagne, et partout ailleurs, participant aux fêtes locales, dansant, chantant, riant, s'émerveillant devant les spectacles de la nature, des feux d'artifices, de danses, et bien d'autres choses encore… au détriment sans doute du rythme de sommeil de la petite.

Il ne supportait pas de sentir une autorité sur lui, et encore moins lorsqu'il la percevait comme illégitime. Il était le père d'Elsa, et ses initiatives ne valaient pas moins que celles de sa conjointe.

Tournée vers son enfant, elle avait des idées préconçues et arrêtées sur ce qu'elle voulait concernant l'éducation de sa fille. Lorsque Diego souhaitait faire valoir sa vision des choses, c'était un combat qu'il emportait une fois sur deux après avoir déployé beaucoup d'énergie. Le peu d'amour qui préexistait avait laissé place aux reproches. Diego continuait d'être présent auprès de sa fille qu'il aimait par-dessus tout, tout en fuyant l'ambiance du foyer familial.

Il s'était construit un équilibre de vie en s'investissant dans le travail et le sport quand il ne s'occupait pas d'Elsa.

Rompre était toujours un problème pour lui, et ça l'était d'autant plus à présent qu'il était père. Pour rien au monde, il aurait cédé sa place à un autre homme que sa fille aurait appelé « papa ».

Alors il choisit de quitter cette relation en partant sur la pointe des pieds, en la laissant s'effilocher tout doucement.

Jocelyne, centrée sur elle-même, semblait considérer Diego comme un meuble appartenant au petit monde qu'elle s'était créé. Il était l'homme qui ramenait l'argent à la maison, lui permettant d'envisager comment elle poursuivrait le déroulé de son projet de vie.

Devant cette indifférence, Diego glissa du lit conjugal au clic-clac sans qu'elle n'en fût affectée. Puis ils firent chambre à part… puis appartements séparés sans qu'elle ne parût contrariée. Diego partageait du temps avec sa fille, faisait les courses, payait les charges. L'image de la petite famille heureuse était là pour ravir les yeux des voisins. Les apparences étaient sauves. Joyce poursuivait son plan de vie, tandis que Diego domptait sa solitude par la force des choses, se sentant désespérément seul dans cette relation...

Cinq ans après la naissance d'Elsa, Diego annonça à Joyce, en prenant des détours alambiqués, que cette situation de couple ne lui convenait pas et qu'il préférait arrêter là leur histoire commune. Joyce semblait contenir une colère grandissante en elle. Son rêve, tout ce qu'elle avait projeté s'effondrait comme un château de cartes. Lorsqu'il ajouta qu'il envisageait de s'acheter une maison pour lui seul, elle comprit que sa décision était sans appel. La colère de Jocelyne se transforma en rage. Son visage se crispa, sa mâchoire inférieure opérant à des grincements de dents involontaires et son regard s'assombrit brutalement. Diego préféra partir avant de subir l'assaut des mitrailles des yeux de mort injectés de sang de Jocelyne.
Il n'est pas facile pour celui, ou plutôt en l'occurrence, « celle » qui subit la séparation de refaire surface. Mais que faire ? Faut-il choisir de rester dans une vie qui ne nous ressemble plus juste pour sauvegarder des apparences d'une vie de famille ?
Il lui semblait avoir tout essayé jusqu'à se retrouver dans une impasse. Il ne voulait pas faire « comme si ». Quelle image du couple de ses parents sa fille allait-elle avoir ?... Celle d'un couple non épanoui qui se déchire régulièrement pour des broutilles ?? Après avoir pesé le pour et le contre, après avoir surmonté sa culpabilité, il avait pris sa décision.

Durant les années qui suivirent, une sorte de « gentleman agreement » s'était établi entre Joyce et Diego, Joyce renfermant en elle une immense rancœur à l'égard de celui qui avait brisé ses rêves de couple et de famille. Ils « composèrent » dans l'intérêt de leur enfant.

Elsa était à présent une jeune fille de 13 ans et la rancœur de Joyce avait fait place à une gigantesque rancune. Il pensait avoir réussi sa séparation et en était plutôt fier. Mais, Joyce, aigrie, aspirait à faire payer à Diego le prix de sa souffrance.

Il allait chercher sa fille un week-end sur deux chez sa mère, comme la plupart des couples séparés et exerçait en tant que psychologue. Il avait compris beaucoup sur le pourquoi de ses erreurs, mais il était toujours aussi idiot. Il s'évertuait à répéter les mêmes schémas en comprenant pourquoi il les répétait, mais sans comprendre comment ne plus les reproduire.

Avec le temps et un zeste de maturité, il aimait se pencher sur ce qu'il avait vécu et s'offrir un moment de nostalgie en observant les concours de circonstances qui avaient ponctué sa vie.

Sa vie sentimentale continuait à ne pas être un succès. Elle avait été davantage une succession de femmes qu'il avait aimées plus ou moins. Les séparations étaient douloureuses à chaque fois. Et avant chaque séparation, la peur de perdre l'autre.

Ses patients s'étaient avérés sans le savoir de bons thérapeutes, lui permettant de comprendre sa peur abandonnique.

Diego repensa à toutes les tranches de vie qu'il avait traversées au cours de son existence terrestre : l'enfance et les playmobils, l'adolescence et l'envie de plaire, la première mise en ménage, la seconde... la parentalité, la séparation, la famille recomposée, la famille décomposée aussi... Puis il y eut un tome de sa vie fait de parenthèses sentimentales plus ou moins longues, qui étaient apparues dans une volonté de reconstruire quelque chose de brisé... Jusqu'à l'apparition de Flavie...

La vie est curieusement faite. Pas de maître sans esclave ; pas d'esclave sans maître. Ses patients lui avaient appris que les concours de circonstances n'étaient pas le fruit du hasard. Les gens se rencontrent car leur problématique est sur la même longueur d'onde. C'est la loi de l'attraction.

Aussi, lui, l'homme non-affirmé face aux femmes qu'il aimait, par peur de les perdre, rencontrait sur son chemin des femmes séductrices et peu fiables qui piquaient sa jalousie et sa possessivité. Certaines ayant conscience de leur pouvoir sur lui, apparaissaient autoritaires voire tyranniques. Elles étaient aussi belles qu'elles pouvaient être dures avec lui. Hypnotisé, addict, il se consumait et se laissait consommer entre leurs mandibules.

Diego était devenu un expert dans l'étude des « petites nanas détraquées », pour autant il répétait inlassablement le même schéma.

Il avait testé la « bipolaire malmenante », la « caractérielle insatisfaite », la « borderline capricieuse », « l'hyperthyroïdique piquant des crises de nerfs »…

Au milieu des particularités qui rendaient chacune de ces femmes insupportables, chacune à sa manière, il y avait quelques constantes.

1ère constante : Diego s'était épris de la beauté physique de chacune d'entre elles.

2ème constante : Chacune d'entre elles le savait et abusait de ses charmes.

3ème constante : Elles menaçaient de rompre dès qu'elles étaient contrariées.

4ème constante : Elles étaient contrariées souvent.

5ème constante : Elles piquaient régulièrement des crises de nerfs.

6ème constante : Elles le poussaient dans ses retranchements les plus lointains.

7ème constante : Elles se victimisaient, le faisant passer pour un monstre violent lorsqu'il réagissait aux attaques qu'elles lui adressaient.

Flavie apparaissait comme la synthèse de toutes ces femmes, une sorte de bouquet final marquant la fin d'une tranche de vie.

Flavie

Flavie était propriétaire d'une écurie située au fin fond de la cambrousse à plus de 70 Km de chez Diego. Petite, fine, armée de beaux yeux bleus perçants, cette passionnée de chevaux était le genre de jolie femme, dont le charme ne laisse aucun homme indifférent.

Deux mois après avoir consommé leurs premiers baisers, le « tout-beau tout-rose » des premiers temps avait à nouveau glissé dans un rapport de force dominant/dominé. La peur de perdre l'autre, la précipitation… Diego était sous emprise. Il était tel un toxicomane en manque de sa cam. Et son héroïne s'appelait Flavie.
Il était tombé amoureux de la belle cavalière dont les longs cheveux blonds flottaient au vent lorsqu'elle lançait sa jument au galop. Ce cœur d'artichaut de Diego s'était épris d'elle au point d'être prêt à tout accepter par peur qu'elle ne le quitte.

L'amour rend aveugle, dit-on. En effet, l'amour revêt plusieurs formes, et c'est surtout un amour nommé Éros qui rend con. Éros, l'amour qui prend la forme de la passion, est cet amour qui embrase les cœurs… Il est aussi, l'amour qui peut amener un homme à sa perte. Éros survient souvent par la force du sexuel, cette énergie très puissante. Il est l'amour torride que l'on voit dans les films lorsque le héros et l'héroïne se plaquent contre les murs dans une scène intense, le tourbillon de passion érotique l'emportant sur la lucidité qui permet de voir l'autre tel qu'il est. C'est pour cela qu'après un ou deux mois de relation, lorsqu'Eros perd de sa fougue, il amène parfois les deux amoureux à se découvrir tels qu'ils sont, provoquant les premières désillusions et les premiers clashes dans la relation.

Flavie avait surmonté jadis l'épreuve terrible d'un cancer de la thyroïde qui avait manqué d'avoir sa peau.

« Ce qui ne tue pas, rend plus fort ». Flavie était ressortie plus forte de son combat contre la maladie, ceci au prix d'y avoir aussi gagné en égocentrisme et en égoïsme. Elle avait développé une dureté extrême à l'égard des autres, pensant détenir La Vérité suprême sur tout. Devant ce caractère autoritaire assorti d'un charisme naturel, son entourage semblait se prosterner devant elle.

Notre petit diable intérieur vient parfois nous tendre la main pour nous secourir dans les moments de désarroi. Et lorsque nous acceptons le service rendu, nous ignorons quelle en sera la facture. Celui de Flavie lui avait donné la volonté au prix de prendre goût au pouvoir. La belle cavalière avait besoin en permanence, d'être la seule, l'unique, les autres n'étant pour elle que des figurants.

N'acceptant pas la contradiction, ses yeux bleus devenaient soudainement sombres lorsque Diego la contrariait. Alors des mots cassants et rabaissants sortaient de sa bouche, lui signifiant qu'il devait être ignare pour ne pas avoir le goût du beau, c'est-à-dire pour ne pas adhérer à ce qu'elle aimait. Il était l'élève Diego face à la Professeure Flavie qui lui faisait la leçon.

Elle ravivait le « j'ai toujours raison même quand j'ai tort » assorti à la mauvaise foi de sa mère, lorsque l'adolescent qu'il était se heurtait à elle.

Combien de fois, d'un ton autoritaire, Flavie avait-elle décrété de toute son intolérance, ce qu'était le bon goût, dénigrant par là-même ce que pouvait aimer Diego. Il avait à plusieurs reprises tenté de lui dire que l'on pouvait avoir des goûts différents des siens, que Mozart pouvait ne pas faire l'unanimité... en vain. Et lorsque Flavie parlait de sa passion pour l'équitation, il fallait encore moins donner son point de vue, à moins qu'il ne rejoigne le sien. Diego appréciait la beauté des équidés. Autant il comprenait que la complicité entre un cavalier et sa monture pouvait s'avérer intense, autant il n'aimait pas le dressage équestre qui amenait un cheval à devenir un automate adoptant la marche au pas espagnol. « Encore la domination de l'homme sur l'animal jusqu'à lui en faire perdre son naturel », pensait-il. Mais il se gardait bien d'exprimer ce genre de pensée. Une fois, il avait effleuré le sujet, et le regard foudroyant de Flavie lui avait laissé entendre qu'il ne survivrait pas s'il osait s'y aventurer davantage.

Il était arrivé à plusieurs reprises, que pendue au téléphone, dans une discussion qui n'en finissait pas, elle lui fit signe de la main de patienter deux minutes, sans lui accorder plus d'attention. Et Diego patientait… Il poireautait des minutes se transformant en heures dans ce lieu qui n'était pas chez lui, sans savoir quoi faire de ce temps. Puis Flavie raccrochait le téléphone sans avoir plus d'égard pour son amoureux qui avait fait tant de kilomètres pour venir la voir.

Diego faisait potiche. Il grommelait. Mais hypnotisé par les yeux bleus et les magnifiques courbes de la belle cavalière, il acceptait. Manipulatrice, Flavie avait compris qu'un baiser ou mieux encore, une étreinte, pouvait gommer les 24000 coups de pieds au cul qu'elle lui avait copieusement donnés.

Sans doute espérait-il qu'en donnant le meilleur de lui, la belle monitrice d'équitation lui donnerait autant en retour… et l'aimerait. Car c'était bien cela, Diego était un homme qui cherchait à être aimé d'une femme.

Combien de fois, Flavie, capricieuse, avait-elle poussé Diego dans ses retranchements, en repoussant toujours plus loin les limites de ses exigences ? La maison de Diego était sans prétention, mais il s'était investi « cœur et âme » pour la rénover, et il tenait à cette bâtisse qui représentait d'une certaine manière sa liberté, une liberté qu'il avait dû gagner au prix de courage et de sacrifices. Il avait expliqué cela à Flavie, mais en vain, elle insistait régulièrement pour qu'il vende sa maison et investisse dans son écurie. Face à son refus, elle lui parlait de détruire ce qu'il avait eu tant de mal à bâtir, et faisait des plans, projetant de reconstruire l'ensemble à sa façon, avec des fresques de cavaliers et des statues de chevaux. Il la laissait parler, mais cette intrusion autoritaire dans son intérieur pour l'en déposséder et en faire arbitrairement quelque chose qui ressemblait plus à ce qu'elle aimait elle qu'à ses goûts à lui, lui était insupportable. Devant les résistances de Diego au changement, elle cherchait à lui imposer de venir à l'écurie pour s'occuper de ses chevaux au détriment de son emploi de psychologue. Il pouvait bien mettre de côté son activité libérale, ses consultations avec ses patients en mal d'être ! Pour Flavie, rien n'était plus important que son écurie et ses chevaux, et son activité valait naturellement mieux que toute autre, et en l'occurrence que celle de Diego.

Cela donnait lieu à des accrocs, car si la menace d'une rupture faisait peur à Diego, sa lucidité l'amenait à tenir tête à Flavie.

Celle-ci, frustrée de ne pas l'emporter revêtait alors son costume de victime, coquille d'œuf de Caliméro sur la tête, et s'épanchait auprès de ses amies, noircissant Diego. Curieuse façon d'aimer que de médire de celui qu'on aime…

Elle le décrivait alors comme un type égoïste, malmenant, la laissant dans la merde gérer seule ses chevaux pendant qu'il restait centré sur lui avec ses petites préoccupations quotidiennes. Quel salaud ! Par amour, Diego aurait dû se plier aux désirs de Flavie, oubliant par là même ses propres envies, et s'oubliant lui-même dans son intégralité.

Au moment des jérémiades, celles et ceux qui sont dans la plainte rencontrent bien souvent trois types de personnes.
Certaines veulent rester neutres et préfèrent même se dispenser d'écouter, tandis que d'autres écoutent, mais dans un souci d'objectivité, interrogent le plaignant, ce qui le remet en question. Enfin, d'autres encore, friandes de ragots, ne se contentent pas d'écouter. Elles prennent parti pour le plaignant, prennent pour vrai tout ce qu'il raconte, sans recul, et éprouvent un certain plaisir à alimenter la haine contre cet horrible bourreau si bien décrit par la victime.
C'est auprès de cette dernière catégorie que Flavie aimait faire couler ses larmes plaintives. Quant au méchant bourreau, c'était bien évidemment de Diego dont il s'agissait.

Aussi Diego ressentait un mal-être qui le prenait aux tripes chaque fois qu'il croisait les amies de Flavie. Leurs yeux puant de mépris, elles détournaient le regard d'une façon dénigrante qui semblait vouloir dire : « Pauvre connard, tu es une merde, nous ne voulons pas de toi ! Pour nous, tu n'existes pas !... Tu es mort ! »
Dans une indifférence totale à l'égard de Diego, elles s'adressaient entre elles et à Flavie, le snobant, l'excluant de la conversation par leur attitude dédaigneuse, leurs paroles blessantes, et leurs jeux de regards condescendants.
Le cœur serré, Diego était physiquement là, et pourtant mort pour toutes ces femmes haineuses. Flavie et ses copines avaient tellement nourri une haine réciproque sur l'homme à abattre, qu'il n'était pas possible de savoir qui influençait l'autre.

Plus d'une fois, Diego avait souffert de voir celle qu'il aimait malgré tout, s'en aller rejoindre ses confidentes de jérémiades durant des après-midi barbecue ou des soirées pyjamas, pendant que lui, exclu, rejeté, se retrouvait seul, recroquevillé sur son clic-clac en tête à tête avec la télévision, ses angoisses d'abandon les plus archaïques remontant alors à la surface.

L'exclusion... l'énorme blessure de sa vie, une plaie qui dans son sillon, amenait jalousie et possessivité.

Diego lui en voulait autant qu'il l'aimait.

Un cri abandonnique, comme un hurlement sourd retentissait en lui : « Tu es magnifique, je ne suis pas à la hauteur de te mériter tellement tu es belle. Regarde, je te donne tout de moi. Prends ce que je te donne, prends-moi ! Reste avec moi ! Ne me quitte pas ! … J'ai trop peur de te perdre toi et ta beauté que tant d'autres hommes convoitent pour le sexe !... Je t'aime. ».

Elle avait compris comme d'autres avant qu'en effleurant la menace de rupture, elle caressait une plaie ouverte et pouvait obtenir, telle une star capricieuse, ce qu'elle voulait... ou presque.

Et cet imbécile de Diego, le nez dans le guidon de l'amour, ayant perdu tout semblant de lucidité, espérait garder celle sur laquelle ses yeux et son cœur, s'étaient posés. Flavie était comme une mante religieuse dévorant son mâle, celui-ci se laissant faire, hypnotisé par celle avec laquelle il copulait.

La porte de la Modus s'ouvrit, une basket bleue marine au contour blanc se posant sur le sol en terre battue.

Diego descendit de la voiture. Ses yeux fixaient la terre ocre. Il entreprit de soupirer mais sa respiration fut stoppée par des picottis qu'il ressentit en bas de sa nuque. Sa main droite se porta brusquement vers le haut de son dos pour chasser de plusieurs balayages vifs ce qui venait le déranger.

A sa grande surprise, une mante religieuse tomba sur le sol rouge, devant ses chaussures. D'un violent coup de pied il éjecta l'insecte qui disparut derrière un nuage de poussière.

Est-ce normal d'avoir la boule au ventre lorsque l'on est en chemin pour rejoindre sa bien-aimée ?

Diego connaissait par cœur ce circuit en terre battue qui menait à l'entrée du manège. D'un pas lent, il progressait, le ventre serré par des nœuds, se demandant quelle humeur aurait choisi de revêtir celle qu'il aimait.

Quand la relation se met à coûter plus qu'elle n'épanouit, il convient d'y mettre un terme. Mais Diego avait appris la résilience depuis l'enfance, et cette même résilience avait un effet pervers. Elle l'amenait à encaisser, à absorber les coups tant qu'il pouvait. Et dans le même temps qu'il prenait sur lui, encore et encore, la colère grandissait en lui. Colère contre Flavie, colère contre les femmes, mais surtout colère contre lui. Il subissait, paralysé à chaque affront, et s'en voulait de ne pas avoir eu la force de dire stop, de mettre une limite.

Il redevenait le petit garçon de six ans apeuré face à son père, à l'idée de déclencher un déferlement de claques.

« Que va-t-elle penser si je dis ça ? Peut-être devrais-je ne pas lui dire ? Qu'est-ce que je dois dire ? Qu'est-ce que je ne dois pas dire ? Qu'est-ce que je dois faire ? Qu'est-ce que je ne dois pas faire ?... »

La peur, le stress, amenaient Diego à anticiper, à vouloir contrôler les réactions de l'autre en se posant mille et une questions. Il en avait perdu sa spontanéité. Il n'était plus naturel, alors que c'était pourtant bien ce même naturel qui avait séduit la fille avec qui il était…
Il reprit sa respiration et se dirigea vers l'écurie.

En approchant du manège, il entendit les cris.
« Yah !!... »… « Yah ! »… Le vent emmenait la voix autoritaire de Flavie jusqu'aux oreilles de Diego.

Lorsqu'il franchit le porche de l'entrée du manège, il entendit le résonnement des sabots de la jument de Flavie lancée au galop. La longue chevelure blonde de Flavie flottait tel un drapeau. Vêtue d'une tenue de cavalière noire assortie à la couleur de sa jument, elle donnait l'impression de ne faire qu'une seule et même silhouette avec son équidé. Fasciné par la beauté de cette harmonie des corps, Diego marqua un temps d'arrêt debout, à hauteur des gradins.

Il détacha son regard de la piste et balaya des yeux le décorum du manège. Des lettres repères étaient disposées autour de la piste. L'atmosphère était sombre. Quelques ouvertures situées en hauteur, près de la toiture, filtraient les rayons de soleil. Ces rais de lumière coupaient les nuages de poussière émise par les sabots de la bête.
Trois personnes étaient assises dans les gradins. Deux jeunes filles en tenue équestre, chacune ayant une bombe posée à ses côtés, discutaient tranquillement tout en admirant le spectacle du

haut des gradins. Quelques rangs plus bas, un homme vêtu d'un blouson noir, le visage maigre, variolé sur les joues et les tempes, fixait Flavie de ses yeux sombres.

Respectueux de son entraînement, Diego se faisait discret et attendait patiemment.

La jument ralentit la cadence sous le commandement de Flavie, puis marcha au pas jusqu'à s'arrêter. La jolie cavalière mit pied à terre puis caressa longuement l'encolure de l'équidé. Diego ne voulut pas perturber ce moment de complicité durant lequel dans un langage que seules elles-deux pouvaient comprendre, la jeune femme et sa monture semblaient se faire des câlins.

L'homme au blouson de cuir noir beaucoup moins soucieux de rompre cette harmonie cria :

« - Flavie !! Ca y est t'as fini l'entraînement ?

- Hey Franck ! T'es de passage dans le coin ?! T'as fait un crochet pour voir si l'écurie tient toujours debout ?!...

- Oui j'ai fait un crochet ! ... Je viens te voir toi, pour voir si tu es toujours aussi belle ! » répondit-il les yeux brillants et le sourire charmeur.

L'homme se rapprocha de la rambarde. Les deux jeunes filles descendirent les gradins pour se rapprocher elles-aussi.

Flavie marchant à côté de sa jument vint à leur rencontre.

« - Bonjour Flavie, dirent les deux élèves en chœur.

- Bonjour les filles !... répondit Flavie, associant le petit clin d'œil d'une star pour ses fans.

L'homme au blouson noir franchit la rambarde :

- Alors princesse, tu tiens toujours autant la ligne ! » dit-il en plaçant sa main autour de sa taille pour lui faire la bise.

Diego s'avança tranquillement pour rejoindre le groupe et se mêler à la conversation.

« - Salut toi ! Ça va ?, lui lança-t-elle avec indifférence en le regardant furtivement.

Flavie n'attendait pas de réponse de sa part.

L'homme lança un regard furtif en direction de Diego. Puis s'orienta vers Flavie en poursuivant de lourdes allusions tendancieuses tant dans ses gestes que dans ses paroles. Flavie alimentait ce jeu de séduction par des sourires et un regard charmeur. Diego, en retrait, mal à l'aise, assistait au spectacle que donnait celle qu'il avait tenue dans ses bras la veille, à côté de deux jeunes filles semblant idolâtrer leur star à chacune de ses répliques.

La jolie blonde ne montrait à l'égard de Diego aucun signe d'affection qui pouvait le distinguer des autres.

Qui était-il pour elle ? En aparté, il lui aurait donné le bon dieu sans confession quand elle lui tenait un discours dans lequel il apparaissait comme étant « l'homme de sa vie ».

Mais là, au centre de la scène, « l'amante religieuse » le mettait délibérément sur la touche pour exposer narcissiquement ses boutades devant sa petite cour.

L'homme au blouson noir feignait d'ignorer Diego, mais dans une fraction de seconde durant laquelle ses yeux noirs perçants s'étaient portés sur lui, on pouvait lire toute la jalousie d'un ex à l'égard d'un rival à éliminer. Flavie et l'homme au blouson noir parlaient tous deux, dans une relation duelle, se lançant quelques vannes, dans une bulle excluant le public par des attitudes et un jeu de regard exclusif l'un pour l'autre qui embarrassait Diego.

Ce petit jeu de séduction prit fin de longues minutes plus tard, après avoir parlé cheval dans un jargon incompréhensible pour Diego qui était « out » de la discussion. L'homme au visage variolé fit une accolade tendancieuse à Flavie, et lui dit qu'il repasserait dans la semaine.

Il serra la main de Diego avec dédain, sans le regarder, et quitta l'écurie.

Le soir même, Diego lui dit qu'il ne s'était pas senti bien lors de la venue de cet individu. Il aurait espéré qu'elle lui dise qu'à l'avenir elle ferait les présentations et montrerait par son attitude qu'il était l'élu de son cœur, mais il n'en fut rien. Elle lui rétorqua fermement d'arrêter de « faire son jaloux », que Franck était un ami de longue date, et que c'était à lui de savoir s'intégrer dans les conversations. Puis elle s'approcha de lui pour l'enserrer dans ses bras et comme à son habitude, ajouta qu'il était l'amour de sa vie.

Diego ne se sentit en rien rassuré. Il éprouva une humiliation et une trahison qu'il ne comprenait pas. Il comprit qu'elle avait bien plus d'amour à donner à ses chevaux qu'à un homme, et surtout qu'elle n'était pas sincère.

Le terme de pervers narcissique est devenu un terme à la mode qu'utilisent certaines femmes pour décrire leur conjoint à tort et à raison. Mais les perverses narcissiques existent aussi au féminin !

Poussant l'autre dans ses retranchements pour le déposséder de ce qu'il a, les perverses narcissiques utilisent la peur, mais avec des armes qui sont propres aux femmes, à savoir les larmes pour se victimiser et le sexe obtenir.

Qu'ils soient hommes ou femmes, les pervers narcissiques isolent socialement leur victime. Ils savent donner le change auprès des autres, et ils manipulent ainsi tant leur proie sentimentale que leur petit monde.

Diego avait espéré un changement de manière d'être chez son bourreau comme l'espère la plupart des proies. Mais au fond de lui, il savait que cet espoir était illusoire.

Seule solution avec un ou une perverse narcissique : rompre.

Diego avait imploré l'aide du ciel pour être délivré de ce qui l'aliénait à Flavie. Et l'Univers tout entier avait répondu à sa prière.

La seule solution pour se détacher du lien qui le reliait à elle, était qu'il soit dégoûté d'elle. Car devant l'immondice de son intérieur, il ne pourrait continuer de l'aimer malgré sa beauté physique.

Puis, il y eut ce dimanche.

Flavie avait insisté pour faire la connaissance d'Elsa. Elle avait avancé qu'elle lui ferait découvrir le monde du cheval, et Diego voyait une occasion pour sa fille de découvrir une nouvelle activité. Père et fille arrivèrent vers le haras où des chevaux se tenaient tranquillement, par-ci, par-là, dispersés dans des vastes terrains. Flavie coachait un jeune garçon de son club tandis qu'il franchissait les obstacles sur le petit terrain sablonneux situé aux abords de l'écurie.

Le jeune cavalier tira sur les rênes et descendit de sa monture. Flavie le rejoignit et lui donna quelques conseils équestres que Diego et Elsa n'entendaient pas de là où ils étaient, derrière la rambarde.

Ils patientèrent une dizaine de minutes, puis Flavie s'avança vers eux un large sourire aux lèvres.

« - Je ne vous embrasse pas, je suis pleine de transpiration ! » dit-elle

« Alors jeune fille, tu viens essayer le cheval ?! », ajouta-t-elle.

A ce même moment, le jeune élève passa tranquillement devant eux trois avec son cheval.

Peu assurée devant ce gros animal qui passait devant elle, Elsa écarquilla les yeux, et marqua une crainte quant à l'idée de monter sur le dos de ce qui lui paraissait être un mastodonte.

« - Il faut lui montrer doucement, » dit Diego d'un ton protecteur.

« - Allez ! Suivez-moi ! » dit Flavie d'un ton énergique tout en se dirigeant vers l'entrée de l'écurie. « L'équitation devrait être une activité obligatoire à l'école ! »

Trois chevaux se trouvaient attachés à des anneaux scellés dans le mur, à droite de l'entrée du manège.

« - Celui-ci ira très bien ! ». Elle s'approcha du 3ème cheval, une grosse bête grise mouchetée de taches blanches et noires un peu partout.

Elle le brossa énergiquement au niveau de son encolure et de son postérieur puis tendit la brosse à Elsa.

« - Allez ! A ton tour maintenant ! »
Impressionnée par la taille de l'animal, Elsa prit timidement la brosse.
« - C'est bon, il ne va pas te manger ! Maintenant, brosse-le !... Ça te permettra de faire connaissance avec lui ! Je vous laisse, je reviens dans dix minutes… »
Flavie partit d'un pas pressé en direction de son élève. Ce dernier avait l'habitude de la seconder à l'écurie. Sans doute allait-elle faire le point avec lui sur le travail à faire.

Pendant ce temps, Diego était auprès de sa fille. Tous deux brossaient le cheval qui semblait prendre plaisir à cela. Comme Elsa avait du mal à approcher le cheval, Diego était venu l'accompagner pour qu'elle prenne tout doucement confiance.

« - Papa, je n'ai pas trop envie de monter sur le cheval aujourd'hui… ou alors, je veux bien si on m'accompagne petit à petit…
- Ne t'inquiète pas, Flavie connaît son métier… »
Trois quarts d'heure plus tard, Flavie les rejoignit.

Elle détacha le cheval gris, et le conduisit sous le toit couvert du manège de l'écurie, suivie de Diego et Elsa.
Diego s'appuya à la rambarde qui faisait le tour de la piste de sciure. Au centre de la piste, Flavie installa un petit marchepied, et s'adressa à Elsa.
« - Bon Elsa, tu es une grande fille, alors tu montes sur les deux marches devant toi, tu mets ton pied gauche dans l'étrier, et tu grimpes ! »
Elsa s'exécuta peu rassurée.

Flavie tendit les rênes à la jeune fille dont le visage grimaçant marquait une certaine appréhension, puis retira le marchepied.

« - Bon, c'est simple Elsa, pour faire tourner ton cheval à droite, tu ramènes ton bras droit vers toi pour tirer sur les rênes, et pour faire tourner ton cheval à gauche, c'est la même chose avec la main gauche… Compris ! », dit-elle fermement.

Elsa n'eut pas le temps de répondre qu'elle poursuivit.
« - Maintenant donne un petit coup avec tes talons pour le faire avancer. »
Elsa exécuta le geste, et se crispa brusquement lorsque le cheval avança.
Elle lui laissa faire 6 ou 7 tours de manège puis lui dit d'un ton sec.
« - Maintenant remets un coup de talon pour passer au trot ! »

Elsa, crispée sur sa monture, n'en fit rien.
« - Donne un coup de talon ! Allez, on passe au trot !
- Non, je ne peux pas. »

Flavie soupira et son ton devint autoritaire.
« - Donne un coup de talon ! Cria-t-elle
- Je ne peux pas ! J'ai peur !
- Donne un coup de talon ou je vais chercher la cravache pour faire avancer ton cheval !! »

Elsa craqua et se mit à pleurer. Le cheval marchait en longeant le bord du manège comme il en avait l'habitude lors de ce type d'exercice. Les mains d'Elsa ne guidaient plus rien.
Flavie ne pouvait pas concevoir que sa passion pour les bourrins ne soit pas partagée. Comment est-il possible de ne pas aimer monter à cheval ?
Diego observait la scène, tendu.
« - J'ai peur ! Je veux arrêter ! Je veux descendre !

- Un peu de courage, bon sang ! »

Devant les sanglots d'Elsa, Diego interpella Flavie pour lui demander d'arrêter l'exercice. Pour lui, au-delà de la découverte d'une activité, le plus important était de prendre du plaisir, et manifestement le plaisir n'y était pas.
« - Comment ça ??! Tu cèdes devant les caprices de ta fille ??
- Flavie, tu vois bien qu'elle a peur !
- Tu veux faire de ta fille une mauviette ???
- Je veux qu'elle prenne avant tout du plaisir à faire ce qu'elle fait ! Maintenant, je te demande d'arrêter la séance !
- Pffff ! C'est quand même pas sorcier de mettre un coup de talon à un cheval pour passer au trot ! »

Flavie se dirigea vers l'équidé en soupirant pour le ramener à l'entrée du manège.
« - C'est bon, descends ! »
En pleurs, tremblante, Elsa ramena sa jambe droite pour poser pied à terre. C'en était fini de son calvaire. Elle se dirigea vers son père en se frottant les yeux.

Lorsque Flavie arriva à la hauteur de Diego, elle s'adressa à lui.
« - C'est pas en passant tout à son enfant qu'on lui donne une bonne éducation ! Pfff ! Pas foutue de passer au trot ! »

Que pouvait-elle savoir de l'éducation d'une fille qui n'était pas la sienne, elle qui n'avait jamais eu d'enfant.
Elle était apparue telle la belle-mère de Cendrillon aux yeux de Diego. Il avait pris sur lui les longues heures d'attente, le dénigrement, les jeux de séduction ambigus avec d'autres hommes, les crises de nerf, l'intolérance, l'autoritarisme de Flavie. Mais voir devant lui la marâtre s'en prendre à sa fille et juger sa manière d'éduquer avec autant d'intolérance, en

proclamant insidieusement le fameux « j'ai raison, je détiens la Vérité suprême au-dessus de tout »… Tout cela était trop.

A la colère vint s'ajouter le dégoût, et la magnifique cavalière qu'il avait admirée, perdit de son charme à ses yeux. Son esprit focalisa sur le timbre de voix cassée et cassant de Flavie. C'est toujours incroyable de voir à quel point les qualités comme les défauts de l'esprit déteignent sur le corps. Elle était soudainement devenue beaucoup moins belle.

Il dit à Elsa dont les joues étaient encore mouillées des larmes qui avaient ruisselé, de l'attendre dans la voiture. Puis il se rendit auprès de Flavie qui venait de raccompagner le cheval gris jusqu'à son pré.
« - Flavie, il faut que je te parle.
- Pas maintenant ! Il faut que je distribue de l'eau à mes chevaux.
- Si maintenant ! »

C'était la première fois qu'il lui parlait d'un ton affirmé. Surprise, elle n'insista pas et se planta face à lui, un seau à la main, à attendre ce qu'il avait à lui dire.
« - Tu n'as pas à juger et encore moins à m'imposer ta vision des choses ! Tu crois tout savoir sur tout mais en fait la seule chose que tu sais, c'est t'occuper de tes chevaux. Tu es tyrannique et intolérante ! C'est terminé Flavie, je pars et tu ne me reverras plus. »

Elle resta immobile, sans réponse, tandis qu'il se détourna pour se diriger vers la modus où l'attendait sa fille.
Figé sur un galet situé près du pneu avant de sa voiture, un gros insecte verdâtre aux pinces énormes qui observait la scène de ses deux gros yeux à facettes, vit se rapprocher les pas de Diego

dans sa direction.

Diego claqua la porte du véhicule et saisit le volant. Il eut alors une pensée furtive :
« Si je m'étais affirmé dès le début comme je l'ai fait à l'instant, peut-être que Flavie et moi, ça aurait pu marcher… »
Puis il se ressaisit : « Si je m'étais affirmé dès le début comme je l'ai fait à l'instant, ma relation avec Flavie n'aurait même pas été. Et puis, cela n'enlève rien à son caractère infect. J'avais tout simplement à vivre cette relation pour comprendre et me déconniser. »

Curieuse tendance masochiste à s'accrocher à des images qui font mal, c'était une lutte contre soi-même qui amena Diego à accepter une fois de plus, la fin d'une histoire qui lui avait apporté plus de souffrance que de bonheur.

Comme un mal qui déchire pour un bien qui libère, l'abject qui habitait Flavie permit de mettre un point final à cette histoire.
Il démarra le contact de la voiture et partit avec Elsa, pulvérisant au passage la mante religieuse. Déchiquetée, broyée, seule une pince séparée du reste du corps gisait sur la terre battue tandis que la modus s'éloignait.

Fin de la relation avec Flavie !

Faire le deuil d'un idéal que l'on projette parfois à son insu sur l'objet de son amour en espérant qu'il corresponde à celui-ci, tel est le chemin de croix à parcourir.

Leçon de vie extraite du Manuel de Déconnisation

Une vie de bohème

*Ne plus se précipiter. Ne plus tout donner de soi tout de suite.

*Leçon de vie extraite du Manuel de Déconnisation

« … *Ne plus s'attacher.* » Telle fut la leçon que Diego tira dans la nouvelle tranche de vie qui suivit.

Après avoir été meurtri en s'amourachant de la jolie cavalière, par réflexe prudent, le cœur de Diego s'était fermé. Il avait construit une forteresse faite de remparts inaccessibles autour de celui-ci afin qu'il ne soit plus pris d'assaut. Comprenant que la précipitation en amour et son investissement démesuré pour celle qu'il aimait lui avaient coûté cher, il entra dans une tranche de vie empreinte de légèreté. Sans attachement, sans promesses, Diego vivait une seconde adolescence.
Cumulant les rencontres, se livrant au jeu de la séduction dans les dancings et partout ailleurs, vibrant à chaque fois qu'une nouvelle conquête aux courbes délicieuses se dénudait sous ses caresses sensuelles, il était cet ado de 45 ans insouciant.
Cette superficialité lui faisait du bien. Il en avait alors besoin…

Ses copains s'amusaient à le voir faire.
Diego déambulait dans ce domaine où tout existe, des chimères les plus sordides aux belles romances qui auraient pu devenir de

vraies histoires durables.

C'est en forgeant que l'on devient forgeron et c'est en dansant que l'on devient danseur. Diego était sorti de sa zone de confort en prenant des cours de danses latines. Piètre danseur timide au début, il avait gagné en assurance. Il sortait régulièrement pour se rendre à des soirées dansantes. Sur place, il connaissait du monde. Et s'il ne connaissait personne, il faisait connaissance.

« Hey Diego !... Mon ami ! Comment vas-tu ? », lança un homme accoudé au bar, en voyant Diego pénétrer dans la salle de danse.
Quel curieux univers dans lequel on est amis deux mois après s'être rencontrés, sans rien connaître l'un de l'autre… Diego avait conscience de la superficialité de ces relations, mais cela lui convenait et il jouait le jeu.

Un sourire aux lèvres, Diego s'avança vers lui. Une poignée de main virile suivie d'une accolade, il se tourna vers les deux jolies filles qui se tenaient près de l'homme, un verre à la main.
« Salut Diego… », lancèrent-elles à tour de rôle avec un regard séducteur.
La soirée se déroula au rythme de toutes celles qui avaient précédé. Et Diego, en sueur, ivre de ses sensations, se laissait porter par les musiques latines. Ses pas marquaient les temps, glissaient sur les mélodies. Son corps ondulait sur les bachatas et les kizombas, frôlant sensuellement celui de ses partenaires dont les belles courbes se laissaient aller au contact de ses mains qui s'exerçaient à un curieux mélange de caresses sensuelles et de prises fermes et toniques.
Accoudés aux bars, quelques gars bavardaient, certains d'entre eux jetant un regard sur lui, envieux et parfois même jaloux.

Il raccompagna la charmante danseuse dont il avait tenu le corps ferme et gracieux une grande partie de la soirée jusqu'à sa voiture. Ils échangèrent des banalités. Les quelques noctambules qui passaient devant son véhicule pouvaient discerner deux silhouettes se rapprocher, s'entrelacer et s'embrasser.

Diego ne se souviendra jamais de son prénom.

Et il rentra chez lui léger.

Grand ou petit, gros ou mince, blond ou brun, peu importe ! Les femmes aiment les hommes qui sont sûrs d'eux, et s'ils sont rigolos et qui plus est, bons danseurs c'est encore mieux !

Diego l'avait compris et ne laissait pas sa part au chien.

Deux jours plus tard, une autre lui avait laissé son numéro de portable.

Le jour d'après, il était à la terrasse d'un café à siroter un Monaco en charmante compagnie. Il ne cherchait pas la bagatelle. Il avait seulement besoin de se sentir entouré, de sentir son pouvoir de séduction.

Il s'était créé un univers qui lui convenait. Il aimait se sentir désiré. Lorsqu'il sentait les yeux d'une femme, empreints de désir, pire encore, d'admiration, se poser sur lui, son narcissisme frissonnait au plus haut.

Son travail l'amenait à animer des groupes, à participer à des réunions de travail, à faire des conférences… Et cela favorisait les rencontres.

Comme pris par le tourbillon insatiable du jeu de la séduction et de la légèreté, il avait aussi essayé de rencontrer des femmes via les sites de rencontres, lui, le dinosaure réfractaire au numérique. Mais l'expérience ne fut pas très concluante. La sensation de faire ses courses au supermarché de l'amour, avec la check-list de ce que l'on cherche chez l'autre, ainsi que le manque de respect que s'autorisaient beaucoup se cachant derrière leur écran interposé, lui déplaisait. Diego se restreignit à ce qu'il appelait « les vraies relations ».

C'était une tranche de vie qui se situait à mi-chemin entre fantasme et réalité. Parfois, il arrivait à Diego de se réveiller en se demandant s'il n'avait pas rêvé les ébats qu'il avait eus la veille.

L'attachement insécure que certains développent durant l'enfance donne lieu essentiellement à deux sortes de comportement abandonnique. Tandis que par peur de revivre une nouvelle séparation ou un rejet qui fait mal, certains s'agrippent à l'autre comme une moule à son rocher, d'autres préfèrent se blinder et fuir la relation.
Après avoir été « moule » pendant plusieurs années, Diego adoptait à présent le comportement d'une anguille fuyante.

Pas de promesse. C'était la règle car il ne voulait ni souffrir, ni faire souffrir.
Et lorsqu'il sentait qu'une de ses conquêtes commençait à enfreindre cette règle, il prenait peur, et quittait doucement, sur la pointe des pieds, la relation dans laquelle il se trouvait.
Dans cette vie sans attachement, il vivait au jour le jour et apprenait la confiance en soi. Il découvrait qu'on pouvait vivre seul sans se sentir seul, sans être seul, et surtout sans avoir une connasse sur le dos pour être tyrannisé.

Ce paradoxe ambulant de Diego continuait d'aspirer au fond de lui à rencontrer sa petite âme sœur. Mais blessé dans l'âme, cette quête restait en sommeil, ensevelie sous des tonnes de gravats dans son cœur en chantier.

Célestine

Deux ans plus tard…

Lors de cet été 2019, durant un mois de juillet particulièrement chaud, un vieux Duster pénétra dans la cour de sa demeure.
La jeune femme qui conduisait avait le visage sérieux. Les yeux concentrés sur la manœuvre à faire. Célestine sortit du véhicule. Une longue frange châtain clair laissait découvrir deux grands yeux bleus qui illuminaient son visage.
En se dirigeant vers la porte de la maison de Diego, elle semblait chasser quelques tourments et pensées obsédantes, d'un joli sourire.
A l'image des habits qu'elle portait, simple, elle vint à la rencontre de Diego, l'irradiant d'un bonheur contagieux.

Célestine avait pris place sur un tabouret, à côté de lui, tous deux derrière l'écran de l'ordinateur.
« - Tiens, tu pourrais mettre de la couleur sur mon dessin avec l'ordinateur ? »
Diego lui tendit le dessin qu'il avait griffonné pour illustrer l'affiche de sa prochaine conférence.

« Il faudra que tu te mettes un jour ou l'autre au numérique… », lui dit-elle en haussant les sourcils.
Et elle saisit la feuille qu'il lui tendait, en ayant au fond d'elle le sentiment de satisfaction que les gens éprouvent quand ils se sentent indispensables aux yeux de l'autre.

La soirée s'écoulait doucement, sans voir le temps passer.
Pour imager son propos, il avait repris un tableau du célèbre peintre, René Magritte, « Le thérapeute ». On voyait un homme vêtu d'une cape et d'un chapeau, assis, sa main droite

s'appuyant sur une canne. C'était un homme sans visage, dont le corps était habité par une cage contenant deux oiseaux.

1H30 du matin passé, les fous rires l'emportèrent sur le travail. C'était devenu un rituel, la fin de soirée s'achevait sur un karaoké. Et tous deux se laissaient aller à chanter des chansons en tous genres. Tout en faisant défiler des clips sur l'ordinateur, la fatigue aidant, sans avoir besoin de goûter à l'alcool, une ivresse amenait les rires.
Puis ils se quittaient en ayant hâte d'être à la prochaine fois, pour une nouvelle partie de rigolade.

Diego se sentait bien avec Célestine. Au fil de leurs rencontres, il trouvait une complicité de plus en plus étroite avec elle.
Toutefois, les immenses barrières qu'il avait érigées autour de son cœur étaient tenaces. Si la complicité entre eux deux devenait de plus en plus forte, Diego maintenait fermée la porte de ses sentiments.
Pour Diego, Célestine était mariée, et il n'aurait surtout pas voulu être responsable d'une rupture. De toutes façons, de son côté, bien qu'ayant un trop plein intérieur de perturbations et un besoin de convertir les problèmes intimes en rigolades euphoriques avec les personnes qu'elle côtoyait sur l'extérieur, Célestine n'était pas en quête de relation sentimentale.

Comme aimait le répéter son cousin Raymond, « No zob in job ! ». Diego n'avait pas toujours su respecter cette règle et s'en étant mordu les doigts, aussi il mettait à présent une grosse carapace sur son cœur qui se traduisait par une muraille difficile à franchir.

A bien y réfléchir, il était à l'image du thérapeute peint par Magritte. Les œuvres d'art parlent à chacun. Et sur ce tableau, on pourrait y voir une tourterelle, posée, aidant une deuxième, de toute sa force tranquille et bienveillante, à prendre son envol hors d'une cage dont elle reste elle-même prisonnière.

Combien de patients avait-il soignés, accompagnés dans leur décollage vers la liberté, tout en restant prisonnier des murs de la prison de son cœur ?

Selon Diego, Célestine était prisonnière des chaînes du mariage. Cela tombait bien ! N'étant pas encore prêt à troquer sa vie bohème pour une vie plus posée, il s'autorisait ainsi, sans abandonner ses bonnes vieilles habitudes, à laisser évoluer tranquillement la relation avec Célestine, une relation qui avait un goût sucré délicieusement relevé par un parfum d'inconnu.

Diego avait fait la connaissance de Léa Brillego, la nouvelle adjointe au Maire de St Ultime-sur-Guiers, depuis peu. Assez rapidement un tutoiement s'instaura entre eux deux.

Léa Brillego, venait de prendre ses fonctions deux mois auparavant. Cette jeune élue de 34 ans, par ailleurs responsable du service des Ressources Humaines d'un laboratoire pharmaceutique, aimait se présenter sous un abord cool, ouvert et sympathique. Mais entre l'image de soi que l'on cherche à montrer aux autres et ce que l'on est au plus profond de soi, il y a parfois un grand écart.

Lors de leur première rencontre, tout en lui expliquant qu'elle était à l'écoute, prête à soutenir les projets de tout ordre concernant sa commune, elle ne cessait de lui couper la parole pour lui faire part d'une multitude de choses qu'elle ambitionnait de réaliser. Elle insistait sur son champ de responsabilité en tant qu'élue et mettait en avant son expérience de Directrice R.H. en plaçant au détour de ses phrases quelques allusions faisant référence à ses études à Sciences Po. Elle abreuvait son interlocuteur de bribes de monologues comme s'il s'agissait d'un oral, le but étant de montrer à quel point elle était brillante.

Léa avait ce goût prononcé pour se mettre en avant sur la scène d'une conférence, et elle fit sentir assez rapidement à Diego qu'elle serait plus l'ombre d'une rivale s'appropriant la réalisation de ses projets, qu'une alliée le soutenant.

Il avait eu jusque-là la primeur d'être le seul et l'unique à mener la mise en place de ses conférences, jouissant narcissiquement d'être au centre de l'estrade pour recevoir les applaudissements du public... Voilà qu'à présent, une petite nana dispersée, voulant tout révolutionner à peine arrivée, lui laissait la triste et effroyable sensation éprouvée par l'oisillon juste avant d'être jeté par-dessus bord du nid par le coucou fraîchement arrivé.

Ce jour-là, Diego avait rendez-vous avec Madame Cicciolina Maire de St Ultime-sur-Guiers et Léa Brillego pour défendre son projet de conférence qui lui tenait à cœur.
Madame Cicciolina était Maire de sa commune depuis une douzaine d'années et directrice d'une agence immobilière. Diego et elle se connaissaient de longue date car il avait œuvré pour sa municipalité pour la mise en place d'un cycle de conférences annuel.

Madame le Maire l'accueillit avec un grand sourire séducteur comme elle avait l'habitude de le faire.
« - Bonjour Diego, asseyez-vous je vous en prie… », lui dit-elle accompagnant son invitation d'un battement de cils.

Léa Brillego était déjà installée. Maigre comme un fil de fer, une grosse paire de lunettes de soleil surmontant son visage fin lui donnait l'air d'un insecte. Elle se tenait assise devant quelques dossiers disposés sur la grande table de ministre du bureau de Madame le Maire. Lorsque Diego prit place autour de la table, elle se tourna en sa direction avec un grand sourire mandibulaire tandis qu'accoudée sur le bureau, elle tenait ses deux poignets cassés vers le bas tels les deux grosses pinces d'une mante religieuse.
« - Bonjour Diego !
- Bonjour Léa… Voilà, je viens aujourd'hui pour vous faire part

du projet de conférence qui me tient à cœur ; hypnose et trauma…

Diego tendit fièrement à chacune l'affiche sur laquelle il avait travaillé avec Célestine.

« - Oh super ! C'est magnifique Diego ! Quel superbe travail vous avez fait !!... », s'exclama Madame Cicciolina.
« - Hum… Le titre est définitif ? » interrogea la jeune arriviste d'un ton perplexe.
« - Euh… Disons que cela fait un moment que nous travaillons dessus et…
- Passons sur l'intitulé ! Le dessin de l'affiche ne va pas du tout ! Les gens ne vont pas comprendre ce dessin ! » l'interrompit Léa Brillego.
« - C'est un tableau de Magritte qui s'appelle le Thérapeute…
- D'accord mais peu importe, les gens ne vont pas comprendre ! Certains vont peut-être même être choqués en voyant une cage dans le corps d'un thérapeute !
- Mais… Par ce tableau, mon but est d'amener la population à réfléchir… à développer son esprit critique… J'aimerais que les gens puissent s'interroger, être capable d'analyse… et ça fera justement un support de base à la discussion qui suivra pendant la conférence…
- Non, tu n'y es pas du tout Diego ! Les gens ont besoin qu'on fasse simple. Je vais te dire, tu prends la photo d'un accident ou d'une catastrophe et tu mets en grand titre « Vous êtes victime ! Dans cette conférence nous vous dirons où consulter pour être pris en charge ! »
- … Mais mon idée de base était d'élever le niveau de conscience des gens en montrant la complexité d'une problématique… pas de leur donner un annuaire des lieux où consulter… »

Madame le Maire avait pris un mouvement de recul et en observant la réaction de Léa Brillego, avait fait pivoter son siège faisant face à Diego, marquant ainsi une alliance avec son adjointe.

« - Léa a raison Diego, les gens ne sont pas prêts. Ils ne vont pas comprendre… »

Quelle ingratitude ! Cela faisait plus de huit ans que Diego travaillait ardemment chaque année pour mettre en place un cycle de conférences à St Ultime-sur-Guiers et c'était sans compter toutes les fois où elle l'avait appelé en urgence pour lui demander conseil ou recevoir un des habitants de sa commune dans un état critique. Et malgré tout son investissement, il vérifia une fois de plus avec amertume, que la pertinence de son point de vue ne valait que trois grammes aux yeux de Madame le Maire, face à quelqu'un, aussi idiot soit-il, qui possédait un titre élogieux de ministre ou de responsable R.H. sorti de Sciences Po.

Diego, assoiffé de reconnaissance, rêvait de s'élever au rang des huiles en prouvant au monde entier qu'il avait de bonnes idées et qu'il était capable de réaliser de belles choses. Combien de fois avait-il réalisé des projets que ses supérieurs hiérarchiques s'étaient réappropriés ? Une fois de plus, frustré, il était contraint de baisser la tête, ou plus exactement, c'était son ego qui devait se courber devant deux femmes aux allures maniérées qui se prenaient pour les reines du monde.

« - Bon eh bien nous vous laissons retravailler sur ce projet Diego, ajouta Madame le Maire avant de conclure par l'humiliation suprême.

- … Et puis quand vous aurez avancé, vous soumettrez ce que vous avez fait à l'avis de Léa. Elle a eu déjà l'occasion de mettre en place des actions de prévention dans son entreprise, son aide vous sera précieuse… Elle sera en quelque sorte votre cheffe d'orchestre... »

Après les « au revoir » de circonstance accompagnés des sourires hypocrites de chacune, Diego sortit du bureau de Madame le Maire avec une haine dévastatrice et l'envie de pulvériser tout ce qui se trouvait sur son passage.

« Putain ! Me soumettre devant des connasses qui ne connaissent rien à rien !! … Hiérarchie de cons !»

Diego avait la détestable sensation d'avoir été rabaissé au rang d'un petit garçon devant revoir sa copie pour la présenter devant une professeure, qui dans les faits, était une femme plus jeune et plus ignare que lui, dont l'ambition ultime était de briller… pourquoi pas en s'appropriant son travail.

Furieux, sous l'emprise d'une colère égotique, il tira un violent coup de pied dans une poubelle en plastique avant de quitter les lieux.

Un monde tout pourri

Dans un moment de détente, Diego s'étendit sur son canapé et alluma machinalement la télévision.

Une jeune femme en critiquait une autre sur sa tenue vestimentaire, prétendant connaître le bon goût. Les « Papesses du shopping », cette émission de télé réalité était une sorte de concours où seuls comptent la superficialité, l'apparence et l'argent, reflet de la société de consommation.

Il changea de chaîne.

« - C'est bon !! Tu crois que je ne t'ai vas vu ?!!… Espèce d'enculé ! … Si tu veux sauter l'autre pouffiasse, vas-y ! Je ne te retiens pas ! », criait une blonde en string, à la plastique de rêve.

« - Allez ! Casse-toi ! Tu me fais chier ! Tu me prends la tête avec tes crises de jalousie ! », lui rétorqua un jeune homme brun qui exhibait les tatouages qu'il avait sur ses bras musclés.

Diego comprit qu'il était censé s'agir d'un couple d'amoureux.

La fille était aussi jolie que creuse et le garçon ne valait pas mieux.

C'était la télé réalité et son lot de lassitudes pour ne pas dire d'abrutissement.

« L'apparence, encore l'apparence… »

Diego ne comprenait plus ce monde dans lequel la bêtise non seulement, n'était pas censurée, mais pire encore, encouragée par l'audimat.

Il changea à nouveau de chaîne.

C'était les infos en boucle qui nourrissaient les téléspectateurs de ce qui fait sensation.
Un attentat venait de se produire et un journaliste commentait cela comme s'il s'agissait d'un match de football. Des images filmées par un témoin, de son balcon, étaient accompagnées du commentaire de celui-ci.
Il expliquait fièrement qu'il avait usé de tout son courage pour filmer la scène en se planquant derrière ses volets. La vidéo présentait des coups de feux tirés par un homme cagoulé, des gens à terre, pendant que d'autres hommes et femmes couraient cherchant à se mettre à l'abri.

Quelle est cette société dans laquelle des gens usent de leur courage pour filmer l'horreur et se pavaner devant leurs images à sensation plutôt que d'aller ouvrir leur porte à ceux qui cherchent à se mettre à l'abri ?
A baigner dans le confort, mis à part les troupes d'élite et quelques individus épars, la plupart des êtres humains semblait avoir perdu la vertu du courage et l'intelligence collective que connaissent les abeilles lorsque l'on s'attaque au nid.

Sur une autre chaîne d'information, le journaliste commentait les affrontements entre des manifestants et la police comme on commenterait un match de rugby. Pire encore, les images des échauffourées prises par un amateur montraient que d'innombrables individus, téléphones portables ou caméras à la main, entouraient la scène de guérilla. C'était à se demander s'il n'y avait pas plus de paparazzi que de combattants.

Diego se sentait en décalage avec une société à la dérive.

Il ne supportait plus le monde dans lequel il vivait. Les valeurs prônées semblaient de plus en plus s'éloigner des siennes.

Diego se ressaisit. Il éteignit la télévision, saisit le trousseau de clés de sa maison qui traînait sur la table basse du salon et sortit prendre un bol d'air avant de de se diriger vers la boite aux lettres pour y récupérer des prospectus et quelques courriers de l'URSSAF et de sa caisse de retraite.

Diego avait fait la conquête de Maryline

Diego avait fait la connaissance de Maryline depuis peu.
Comment refuser les cadeaux que nous donne Mère Nature, surtout quand ils sont aussi beaux ?
Le corps ferme, galbé, les yeux de Maryline brûlaient d'un désir qui hurlait « Prends-moi ! ».
La chair est faible, et la chair de cet imbécile de Diego semblait l'être plus encore. Le cœur a des raisons que la raison ne connaît pas, certes… mais là c'était son sexe qui avait des raisons. Et tel un drogué en manque, il se jetait sur son héroïne pour la consommer.

Ce soir-là, Célestine rejoignit Diego pour travailler à nouveau sur le projet de la conférence.

Diego se tenait comme souvent assis derrière son ordinateur, les pieds sur son bureau.

« - Diego, j'ai quelque chose à te confier…

- Ah bon ? Quoi donc ? », rétorqua Diego, faisant le pitre en se coinçant une paire de fausses moustaches au-dessus de ses lèvres.

« - Je suis sérieuse Diego… »

Face à la tonalité grave qu'avait empruntée Célestine, Diego enleva ses fausses moustaches, cessa ses grimaces et enleva les pieds de son bureau pour adopter une attitude plus sobre.

« - Je récupère les clés de mon futur appartement demain. Je vais pouvoir lancer la procédure de divorce », poursuivit-elle.

« - Tu es sûre de ton choix ? », rétorqua Diego, surpris.

Diego avait l'habitude de recevoir des patients dont le mal-être conjugal les amenait à fuir leur couple sans pour autant qu'ils décident de se séparer…

« Oui… Il m'a fallu du temps, mais je suis prête », affirma Célestine.

A ces mots, Diego pensa : « Ne pas être la cause d'une cassure familiale ! »… Les remparts qui délimitaient le monde amical et le monde sentimental dans son intérieur se firent encore plus consistants.

« - J'y suis pour quelque chose ? », demanda Diego, le regard inquiet.

Célestine éclata de rire.
« - Pas du tout ! Ça faisait un moment que rien n'allait plus et que nous faisions chambre à part ! »

Diego parut soulagé.

« Et puis, je ne sais pas si c'est la crise de la quarantaine qui agit sur moi, mais j'ai des ''envies de vivre autre chose''… C'est bien pour ça que j'ai demandé une mutation. Ca faisait un moment que je me sentais étouffer dans ma vie… et là… je me libère ! », déclara-t-elle.

Ce soir-là, le karaoké l'emporta sur le labeur.

Tout était là, comme à son habitude pour partager une soirée extra avec des attitudes qui se faisaient de plus en plus tactiles entre les deux êtres. Une main sur l'épaule, des doigts qui se frôlent… Et des remparts indestructibles marquant la limite d'un interdit à ne pas franchir.
Cela faisait près de deux mois qu'il fréquentait Maryline, et très curieusement, il n'arrivait toujours pas à parler d'elle à Célestine comme s'il craignait de tout gâcher entre eux ?
Mais comment peut-on gâcher une relation sentimentale qui n'existe pas encore ?

A moins que…

C'était le 28 septembre 2019. C'était l'anniversaire de Diego.

C'est curieux cette tendance que l'être humain a de chercher loin de lui ce qu'il a tout près…
La vie est un paradoxe. Pensant qu'il n'avait rien à craindre du fait que cet amour était impossible, il avait abaissé doucement le pont levis de la forteresse qui protégeait son cœur. Apprivoisant l'autre autant qu'il s'était laissé apprivoiser, il avait admis que l'autre nommé Célestine n'était pas un ennemi pour son petit cœur.
Célestine et Diego avaient tous deux pansé leurs plaies en gagnant une confiance réciproque.

Célestine avait concocté une soirée parsemée de surprises pour celui dont elle se sentait de plus en plus proche. Après avoir goûté aux plaisirs d'un bon repas bien arrosé avec un couple d'amis, il raccompagna Célestine chez lui pour prendre un dernier verre. Ils échangèrent un regard intense. Le pont levis s'abaissa. Diego prit la main de Célestine et se rapprocha d'elle. Faisant glisser un léger souffle chaud dans son cou, il rejoignit ses lèvres humides pour échanger un long baiser langoureux. Plaquée contre le mur du salon, elle l'enserrait dans ses bras, savourant un moment qu'elle semblait avoir attendu depuis longtemps. Ce fut le plus beau des cadeaux d'anniversaire que Diego put espérer.

Célestine se ressaisit un instant et lui dit :
« Tu sais Diego, j'ai eu un cancer du sein. Mon corps est abîmé... »

Mais Diego n'en tint pas compte. Il fit glisser ses lèvres de l'autre côté de son cou... et Célestine ferma les yeux de plaisir.
A présent, ce furent les murs de la forteresse qui se fissurèrent. L'étreinte se fit torride à s'en écorcher les mains sur la peinture sablée et rugueuse du mur. Diego semblait faire abstraction de la douleur, à moins que cette même douleur aux mains participât à un orgasme naissant. Les deux êtres se dévêtirent laissant la tornade passionnelle parsemer leurs habits un peu partout jusqu'au clic clac du salon.

Tandis qu'un drap léger recouvrait le corps nu de Célestine étendu contre le sien, le doux visage de celle-ci, paupières baissées, calée dans le creux de son épaule gauche, Diego l'observait. D'un mouvement délicat de la main droite, il glissa ses doigts dans ses cheveux dorés par les reflets du soleil, puis caressa sa joue, s'arrêtant un court instant pour savourer le délicieux souffle que laissaient s'échapper ses lèvres le long de son poignet. Puis sa main poursuivit son chemin, effleurant son cou, et de l'index le côté droit de sa gorge. Là encore, il marqua un temps d'arrêt, comme par respect pour le rythme de sa respiration. Et sur une inspiration plus profonde, il fit glisser sa main, agrippant du bout des doigts le bord du drap qui recouvrait pudiquement la poitrine de sa chérie. Diego ne put décrire le curieux sentiment qui l'envahit lorsque, tel le rideau qui coulisse pour faire paraître la scène d'un théâtre, en retirant ce tissu, il découvrit une longue et vilaine cicatrice tranchant son corps fragile sur la partie où aurait dû se tenir son sein gauche. C'était un mélange d'amour et de tristesse empathique pour une femme qu'il aimait et qui portait les stigmates de la souffrance d'une guerre livrée à une saloperie de cancer du sein, et la répulsion face à ce corps meurtri.

Pour autant, Diego continuait sa vie de bohème.

Diego n'avait pas abandonné sa vie de bohème, se rendant dans les dancings comme il en avait l'habitude.
Sans doute était-ce là une façon de protéger son cœur vulnérable d'un nouveau choc amoureux.

2H30 – Diego revenait d'une soirée dansante durant laquelle il avait dansé et vibré au rythme des bachatas, sous l'effet hypnotique du mouvement gracieux et ondulant du corps ferme de ses cavalières.
Léger, il s'installa au volant de sa voiture avec la satisfaction d'avoir passé une bonne soirée.
Il s'apprêtait à démarrer lorsqu'il reçut un SMS de Maryline.
C'était des photos, de paysage, de deux coupes de champagne.
Sur une des photos, Maryline posait, de dos, exhibant ses belles courbes.
Peut-être avait-elle pensé séduire Diego en se mettant en avant, telle une star. Mais cela provoqua l'effet inverse. Ces photos étaient superficielles à l'image de celle qui prenait des postures narcissiques et adolescentriques.

Au plus Diego avançait, au moins il se sentait des affinités avec le monde de la superficialité qu'il s'était créé, et dont faisait partie Maryline.

Célestine

Lorsqu'ils se retrouvaient, les deux amants avaient mis en place un petit rituel dans lequel tous deux se tenaient allongés sur le clic clac, Célestine se blottissant dans le creux de l'épaule de Diego, épousant la forme de son corps avec le sien, comme le yin épouse le yang pour former de leur union le merveilleux sigle noir et blanc.

La main de Célestine tendrement posée sur le torse de Diego, ils partaient dans des discussions dans lesquelles le temps paraissait en suspens.

Il se sentait en phase avec elle dans ces échanges intellectuels. « Enfin quelqu'un avec qui parler, quelqu'un dont la pertinence du point de vue est encore capable de me surprendre, sortant des clichés et des stéréotypes habituels », pensait-il.
Pas de paroles issues d'une espèce de bienséance de la pensée convenable… Non, juste des échanges de paroles vraies sur différents sujets.

Après avoir parlé de leurs enfants, Célestine exprima son point vue sur la suppression du service militaire. Elle trouvait cela bien dommage car c'était une étape de la vie qui permettait aux jeunes de s'autonomiser. Et ce temps aurait pu être mis à profit pour accomplir des tâches utiles pour la société.
Diego abondait dans le même sens.
« Tu as remarqué, dit-il, L'ARMÉE est l'anagramme de LA MÈRE. A l'époque où le service militaire existait encore, l'armée était comme une grosse maman symbolique, qui

apprenait à ses enfants à marcher (au pas), qui leur apprenait à faire leur lit (au carré), à chanter des chansons comme à la maternelle… mais surtout, c'était comme une mère de transition qui aidait à couper le cordon entre maman et son fiston en provoquant une séparation obligatoire… »

Célestine, la tête posée dans le creux de son épaule, esquissait un sourire. Elle aimait l'originalité, voire la marginalité de ses théories psycho-spirituo-philosophiques.

Diego était amer envers la société dans laquelle il vivait.
Tout était devenu bien triste à ses yeux. Les êtres humains s'étaient isolés les uns des autres. Chacun dans sa bulle, avait perdu la notion de convivialité. C'en était fini des apéros entre voisins de caravanes au camping. L'être humain avait développé son savoir scientifique, technologique au détriment des valeurs essentielles. Il avait gagné en confort, passant ses vacances dans des mobil-homes offrant douche et cuisine équipée. Mais il s'était éloigné de la simplicité d'autrefois, des parties de batailles d'eau devant les sanitaires du camping ou devant les bacs collectifs dans lesquels les campeurs faisaient la plonge.

Diego vint à parler de cette société adolescentrique composée d'adultes qui ne savent plus se comporter en adultes face à des enfants se croyant tout puissants.
La société avait perdu ses repères. Dans ce monde du « tout est possible », l'être humain se montrait de plus en plus exigeant et capricieux. Il demandait à ce que ses plaisirs les plus égoïstes soient satisfaits.
Il n'acceptait plus l'idée même de ne pas pouvoir enfanter, les

retards en tous genres. Il n'acceptait ni de vieillir, ni de souffrir, et encore moins de mourir.

Dans son ambition toute puissante, de tout son orgueil, il exigeait « Tout, Tout de suite, Tout le temps. »

Les jeunes, pour beaucoup, voulaient du « tout cuit », un travail qui rapporte, pas trop pénible.

Dans ce monde, ce n'était plus la loi de la jungle qui désignait le plus fort. Le plus fort était paradoxalement celui qui semblait le plus faible, protégé par le système. Bien souvent, cela donnait lieu à des concours victimaires.

Diego ne supportait plus ce qu'il appelait le complexe du Caliméro chez les êtres humains. Il observait des combats à qui pouvait l'emporter sur l'autre en étant plus victime que l'autre.

Il exprimait des idées qui lui auraient valu d'être lapidé quand on les clame face à des humains faisant des amalgames et montant en épingle un propos sorti du contexte. Mais avec Célestine, il se sentait compris et libre de dire ses pensées.

Diego éprouvait une amertume contre ce que les hommes avait fait du monde et de ce qu'il continuait de lui infliger.

« Une démographie exponentielle ! … Une surpopulation de cons ! Par essence même, l'homme pollue sa propre terre dès sa naissance. C'est sûrement là que réside son péché originel, » pensait Diego.

Diego déclarait à Célestine : « On tourne autour du pot en améliorant des petites choses au quotidien, mais le constat est sans appel : les êtres humains sont trop nombreux sur terre ».

… Il faudrait être capable d'autoréguler la démographie en mettant en place une politique sur la natalité, sans quoi la nature se chargera forcément de ce rééquilibrage… La solution qui se dessine, c'est une apocalypse nécessaire pour mettre fin à ce monde tout pourri. ».

Célestine prit une profonde inspiration. Elle ne lâchait pas son sourire. Elle semblait être amusée par les contradictions qui habitaient cet homme, ce paradoxe ambulant, capable de tenir des propos très durs, faisant l'apologie de la restriction des naissances, partisan du « vivre moins longtemps mais vivre mieux », et dans le même temps, empathique avec son prochain.

Qu'il s'agisse de la société victimaire ou plus globalement de ce monde qu'il ne supportait plus, Diego éprouvait parfois l'envie de partir loin.

Diego reprit devant Célestine l'histoire de Moïse qui descendit du Mont Sinaï avec les tablettes sur lesquelles étaient gravés les commandements. Moïse avait retrouvé son peuple dans la décadence, idolâtrant la statue d'un veau en or, buvant de l'alcool et se livrant à des orgies. Et il s'était fâché devant ce spectacle… Puis il évoqua Jésus dans le temple de Jérusalem, livré à la colère et, renversant leurs étals en voyant les marchands commercer en son sein…
« Un messie caché, un prophète, va-t-il sortir de l'ombre pour remettre de l'ordre dans ce monde en perdition ? », s'exclama Diego.

Diego se tint debout devant Célestine, saisit un drap pour recouvrir son corps comme s'il s'agissait d'une toge, et prit un air grandiloquent :

« Y-a-t-il un endroit sur cette planète, sans téléphone portable, sans humains pervertis par l'argent, juste avec des gens simples, tranquilles, ayant les valeurs d'entraide et de courage que l'on connaissait autrefois, et surtout du bon sens !
Oui, une terre d'asile, avec des gens que j'aime, triés sur le volet », dit-il.

« Si je pouvais, comme Moïse, conduire mon peuple vers la terre promise, j'emmènerais ceux que j'aime dans un lieu vierge, pour tout reprendre sur des bases nouvelles… Et puis, je ferai la justice moi-même sous mon chêne… »
Et tout en délirant ouvertement devant Célestine, il prit un balai à la main, mimant Moïse qui avançait en tête, disant à ceux qui l'accompagnaient « Allez, en route mes amis ! Qui m'aime me suive !... » … Puis en se retournant, l'air dépité, bouche tordue, il ajouta : « Ah merde, il n'y en a que deux ! »

Etait-ce pour ses singeries que Célestine riait ?... Ou bien parce qu'elle le trouvait perché sur ses idées provenant d'un imaginaire bien fourni ?

« Mon pauvre Diego, lui dit Célestine, je crois que l'être humain est con par nature, et tu serais bien déçu de voir que même avec ceux que tu aurais sélectionnés parce que tu les aimes et les estimes, tu obtiendrais la même dynamique de cons ! »
Diego dut admettre qu'elle avait raison… « Et puis, on est tous le con d'un autre ! », pensa-t-il.

Les rires de l'un entraînaient les rires de l'autre et un torrent de rigolade déferlait venant fortifier encore plus leur complicité.

Faire l'amour est au-delà de faire sexe. Tandis que faire sexe n'engage que le corps, faire l'amour engage corps et âme. On ne peut pas faire l'amour sans amour et Diego aimait faire l'amour avec Célestine.

Mais le corps abîmé de sa chérie freinait ses ardeurs.

Faut-il se contenter d'en rester aux limites sensorielles que nous impose la plastique corporelle ?

Un mal pour un bien, ce corps meurtri amenait Diego à ne pas se précipiter dans la relation, prenant le temps de découvrir cette femme qui s'offrait à lui.

Et plus il découvrait son âme, plus il apprivoisait son corps.

Elsa

Sa fille, Elsa déposa son sac à l'arrière de la voiture et prit place sur le siège passager avant du véhicule avant de lui faire la bise. A présent, c'était une ado de 16 ans, et comme la plupart des jeunes filles de cet âge, elle sortit son téléphone portable de sa poche pour se plonger dans ses messages.

« - Ça va ?, lui demanda Diego.
- ….
- Elsa… Ça va ?? Tu as passé une bonne semaine ? », reprit-il.

La jeune fille redressa brusquement la tête, se rendant compte que son père lui adressait la parole et enleva son oreillette.
« - Heu… Oui oui.
- Tu aimerais faire quelque chose de particulier ce week-end ?
- Bah… ché pas…
- Tu sais que tu peux faire venir une copine si tu veux…
- Je sais… Je sais ».

Puis elle se renferma dans le contenu de son téléphone portable.

Les relations étaient devenues distendues. L'adolescente avait cloisonné les deux univers entre lesquels elle naviguait. Chez maman, elle avait son petit monde, avec son quotidien, ses amies. Chez papa, le petit paradis qu'il avait tenté de lui aménager était parti en désuétude. Elle investissait sa chambre comme on investit un gîte dans lequel on séjourne occasionnellement. Des meubles contenant des vêtements qu'elle portait quand elle avait 7 ou 8 ans, des jouets qu'elle n'avait jamais utilisés, des tiroirs vides… les affaires dont elle se servait étaient celles que contenait son sac à dos, et surtout depuis trois ou quatre ans, ce satané téléphone portable.

C'est parfois dans le mensonge, voire dans les non-dits que l'on va chercher un espace de liberté. Elsa n'échappait pas à cette règle. Ce qu'elle vivait quand elle était chez sa mère demeurait pour Diego un point d'interrogation. Au grand regret de Diego qui aurait aimé que sa fille partage avec lui ses petits secrets et ses malheurs, Elsa restait secrète.
Que reste-t-il comme sujet de conversation quand on enlève l'essentiel ?... du superficiel... l'école...

« - Et tu as fait quoi, le week-end passé chez maman ?
- Oh rien de spécial... »
(« 'tain ! C'est reparti, il va vouloir tout savoir ! Il ne peut pas me lâcher un peu », pensait-elle)

La route défilait tranquillement.
« - Tu n'es pas sortie pour te changer les idées ?
- Si je suis allée à un lac. »

Ils traversaient à présent un petit hameau.
« - Et tu es allée dans quel lac ?
- Un lac, dans l'Ain.
- Un lac dans l'Ain, mais lequel ?
- C'était à Pont d'Ain. »
(« Pff ! Il me saoule ! Je suis libre, j'fais c'que j'veux !... Il a pas à savoir ! »)

Une grande ligne droite bordée d'arbres et de champs dans lesquels paissaient des vaches et des moutons les conduisait doucement au prochain rond-point.
« - Et tu es allée à Pont d'Ain avec quelles copines ?

- Oh j'étais avec une copine.
- Une copine, oui, mais laquelle ?
- C'est une copine que tu ne connais pas. »

En dire plus paraissait être un grand secret.
« - Mais elle s'appelle comment ?
- C'est Maeva.
- Et vous êtes allées au point d'eau comment ? Vous n'étiez que toutes les deux ?
- Non, il y avait son beau-père. C'est lui qui nous a amenées.
- Et il n'y avait personne d'autre ?
- Si. Il y avait le frère de Maeva. »
(« Voilà t'es content ?! Tu sais tout ?!... »)

Le silence d'Elsa amenait Diego à lui poser des questions, et comme ses questions lui semblaient intrusives, Elsa se fermait encore plus.

Comme durant bien d'autres week-ends passés ensemble, Elsa s'isolait dans sa chambre. Allongée sur son lit, elle chattait avec ses copines.
Et comme il l'avait fait maintes fois, il organisait une petite sortie.

Ce dimanche matin, il l'emmena dans le vieux Lyon, se promener dans les rues piétonnes et prendre un chocolat chaud. Malgré la distance instaurée entre eux deux et malgré son mutisme, Elsa aimait ses moments, et père et fille se sentaient bien en présence l'un de l'autre.

Pourtant, au fond d'elle, mûrissait une colère contre son père. Ce gendarme inquisiteur était sur son dos, et voulait tout savoir. Il voulait contrôler sa vie. Et puis, il reprenait avec elle ses résultats scolaires, et elle n'appréciait pas qu'il fronce les sourcils quand les notes étaient mauvaises.

Sortir avec ses copines était devenu le plus important à ses yeux, et lorsque Diego lui demandait de se reprendre et travailler davantage pour améliorer ses résultats, il faisait figure de vieux con.

Célestine

« - Célestine, je ne sais plus ce que je dois faire… surtout, je ne sais plus comment faire avec ma fille… »

Assez rapidement, Célestine s'était sentie à l'aise chez Diego. C'était comme si elle avait toujours connu cette maison.
Assis devant son assiette, Diego, désemparé, prenait sa tête entre ses mains.

Célestine faisait mijoter une poêlée de champignons à la crème.
« - Que t'arrive-t-il ? C'est compliqué avec Elsa?
- Oui c'est compliqué. J'ai beau être psychologue, quand il s'agit de moi,… C'est compliqué.
J'ai toujours dit à ma fille que si elle voulait me dire quelque chose, elle pouvait le faire à condition de me le dire correctement, avec respect… Et samedi passé, elle a saisi cette occasion…
- Super ! Vous vous êtes parlés ?
- Elle m'a dit qu'elle avait des choses sur le cœur à me dire, alors on a convenu de se voir. Je lui ai offert un verre dans un bar, près de chez sa mère.
Pour commencer, je lui ai dit que je trouvais sa démarche bien…
Puis quand je suis entré dans le vif du sujet, quand je lui ai demandé ce qu'elle tenait à me dire, elle m'en a mis plein la figure.

Célestine l'écoutait tout en poursuivant la cuisine. Le bruit du « Tchiiiii » des escalopes qui grillaient se fit entendre tandis que Diego continuait.

« - Elle m'a dit que je n'avais pas de gestes tendres pour elle, qu'on était comme deux étrangers, que les seules discussions que l'on a concernent ses notes… »

Célestine sentit de la tristesse dans la voix de Diego.
« - Et tu lui as répondu quoi ? », lui dit-elle, empathique.
« - Je lui ai dit que je comprenais qu'elle ait l'impression qu'on soit comme deux étrangers, que ça venait peut-être du fait qu'elle cloisonne les deux univers dans lesquels elle vit.
Je lui ai dit qu'elle était fermée, qu'elle ne me disait rien sur ce qu'elle vit par ailleurs, et que cela m'amenait à lui poser des questions au risque de paraître comme un flic intrusif…
- Elle ne t'a rien dit ?
- Si, elle s'est braquée en me disant ; « si j'ai bien compris, c'est encore de ma faute !! ».
Je lui ai expliqué que c'était compliqué pour moi aussi, que j'aimerais qu'elle se confie, qu'elle me raconte spontanément des choses sur ce qu'elle vit.
Je lui ai fait remarquer que lorsque je voulais avoir un geste tendre, glisser ma main dans ses cheveux, poser ma main près de son cou, sur ses épaules, elle avait un mouvement de rejet.
… Alors comment me reprocher après de manquer de tendresse ?...
Je ne sais plus comment faire… Il faudra me donner le mode d'emploi ! Je ne sais pas ce qu'elle a…
- Elle a 16 ans, tout simplement », répondit Célestine de sa voix douce en amenant la poêlée d'escalope aux champignons à la crème.

Diego était dépité et Célestine ne détenait aucune solution. Mais il se sentait compris. Elle avait la pertinence des mots simples, placés au bon moment.
Elle lui servit avec amour une portion de son plat, et une

délicieuse odeur de ce qu'elle avait cuisiné avec un doux fumet parvint aux narines de Diego, chassant ses tourments l'espace d'un repas.

Cent pour cent des fumeurs savent que fumer est mauvais pour la santé… et pourtant ils fument.

C'est bien là tout le problème que rencontre celui qui est addict à quelque chose. Il ne suffit pas de savoir qu'un produit ou une conduite est mauvais pour déraciner ce mal.

Diego avait compris cela. Son addiction, sa faille, sa faiblesse : les femmes, leurs belles courbes, leur beauté, et cette envie irrésistible de leur plaire, de se sentir aimé d'elles.

Esclave de cette faille par laquelle s'engouffrait son petit diable intérieur pour le confronter à ses tentations, Diego était en lutte contre lui-même. Car avant d'être un combat contre cette autre délicieuse qui excite et tente, c'était avant tout un duel entre lui et lui.

Diego avait fait du chemin ; il s'était en partie déconnisé. Le petit con qui demeurait en lui, semblait s'être éloigné, tout doucement. L'amour et le gain de maturité pesaient peu à peu dans la balance, en faveur d'un homme nouveau, un homme qui aspirait à se poser, et à avancer avec la femme qu'il aime, dans le partage et la construction d'un amour à deux, et cette femme se prénommait Célestine.

Plus il la côtoyait, plus il se sentait proche d'elle. Chaque jour nouveau passé avec elle, il découvrait une nouvelle partie d'elle qu'il trouvait belle.

La beauté de l'âme de Célestine avait irradié son corps. Le

regard fuyant et les plis frontaux grimaçants que Diego cherchait à cacher devant le corps abîmé de Célestine, avaient laissé place à un brillant d'amour dans ses yeux.

Il parcourait son corps des yeux et des mains. Ce qui était autrefois défauts sur son corps, était devenu les petites imperfections qui faisaient l'originalité du corps d'une femme qu'il aimait.

Ce n'était plus un fossé qui séparait Célestine et Maryline. Aux yeux de Diego, elles étaient dans deux mondes différents.
Et dans le monde de Maryline, c'était « Bienvenue à Nunucheland ».

Diego venait de s'asseoir sur le grand canapé en cuir noir du salon chic de Maryline. Élégante, moulée dans une longue robe noire fendue, elle s'approcha de lui, lui tendant un verre de punch.
« - Eh bien Diego… Tu n'as pas l'air d'aller fort ? »

Il prit le verre de punch, le posa sur la petite table basse en verre et, les deux coudes en appui sur ses cuisses, il saisit sa tête entre ses mains.
« - C'est compliqué avec ma fille… Elle est en pleine crise d'ado. Elle me fait des reproches, ne me dit rien sur ce qu'elle vit… »

Maryline l'interrompit.
« - Ah ces ados ! C'est pas compliqué, tu la prends entre quatre yeux, et tu lui dis : « Bon maintenant, je veux savoir ce que tu as fait précisément ce week-end. Alors, tu me racontes tout. Si

j'apprends que tu m'as caché quelque chose, je te sanctionnerai en prenant sur ton argent de poche... Tu es son père !... Tu as le droit de savoir ! »

Diego détestait la prétention qu'elle avait à penser détenir la vérité supérieure, d'autant plus qu'il trouvait les conseils de Maryline idiots. Néanmoins, il poursuivit l'échange, en faisant abstraction de sa connerie.
« - Ce que j'aimerais, c'est qu'elle se confie à moi librement, spontanément... »

Elle lui coupa à nouveau la parole.
« - Eh bien tu lui dis : Elsa, à partir d'aujourd'hui, je veux que tu me racontes ce que tu vis quand tu es chez maman, et que tu te confies spontanément à moi ! »

Ce n'était pas la peine d'insister, à quoi bon chercher à discuter avec quelqu'un qui a la certitude de tout savoir sur tout.
Diego soupira longuement, sans trop savoir lui-même si son soupir était plus destiné à ce qu'il vivait avec sa fille ou à la bêtise de cette fille creuse qui lui donnait des solutions débiles issues de ses certitudes.
Maryline n'était pas une flèche sur le plan de l'intellect, mais comment ne pas céder devant un si joli fessier ?

La jolie plastique d'un corps... et après ! Faut-il focaliser sur cela et en faire une fin en soi ? Le corps vieillit et la beauté du corps est éphémère... tandis que la beauté de l'âme et de l'esprit semble prendre un caractère hors dimensionnel traversant le temps.
Mais quelles courbes étaient celles de cette charmante créature !
Diego n'était pas encore prêt et la situation maritale de Célestine, en attente d'être éclaircie, lui donnait une excuse pour

s'incliner à nouveau devant son petit diable tentateur.

En rentrant chez lui, au volant de sa voiture, Diego s'en voulait, honteux d'avoir cédé au désir charnel. Au fil du temps, avait germé et grossi à son insu un sentiment oublié nommé « culpabilité d'avoir trompé ».

Trois mois s'étaient écoulés et le regard de Diego avait semble-t-il évolué. S'il gardait un attrait particulier pour les jolies courbes des petits canons de beauté, il n'avait plus ce besoin de partir conquérir des cœurs et des culs.

Il aspirait au partage. Il aimait être avec Célestine. Il avait envie de passer du temps avec elle et en oubliait progressivement les autres, glissant sans même s'en rendre compte dans une nouvelle tranche de vie qui promettait un amour vrai et profond. Ce mélange de tendresse et de complicité auxquelles se conjuguait l'humour, le tout saupoudré de grains de séduction, lui plaisait. Respectant sa liberté elle l'avait laissé venir à elle avec tolérance et patience. Elle l'avait apprivoisé, doucement, tout doucement. Elle était différente des autres.
Il s'était même surpris à éprouver un manque alors qu'ils ne s'étaient pas donnés de nouvelles durant deux jours consécutifs.
Il découvrait avec elle quelque chose qu'il ne connaissait pas. Peut-être découvrait-il tout simplement ce que signifiait « aimer ».

Aussi, lorsque Célestine lui proposa de rencontrer ses parents, Diego vit cela comme une manière d'officialiser leur relation. Alors que la peur de l'engagement aurait autrefois pris le dessus, il paraissait serein et heureux de voir évoluer son lien d'amour avec celle qu'il aimait. Cela marqua la fin des conneries et il tourna la page de sa vie de bohème. Il espaça les échanges par SMS avec Maryline. Les textos se firent ainsi de plus en plus rares jusqu'à disparaître. Maryline n'avait peut-être pas la pertinence d'esprit lorsqu'il s'agissait d'aborder un sujet de société, mais elle comprit rapidement que leur histoire était arrivée à son terme.

Il ne la revit plus et lâcha ainsi prise avec le monde de la superficialité, ayant l'envie profonde de s'investir avec celle qu'il avait tant cherchée. Célestine balaya sans le savoir toutes ses rivales, les histoires passées, courtes ou longues. Toutes ces autres n'avaient plus d'importance. L'important était ici et maintenant avec la femme qu'il aimait, une femme avec laquelle, pour la première fois de sa vie, il se sentait bien, complice, heureux.

Diego gardait le secret espoir de ne pas avoir à payer la facture de son passé tumultueux. Comment pourrait-elle lui pardonner si elle l'apprenait ?

Le temps ferait son office, et les histoires d'un passé dont il n'était pas fier, de sa vie de bohème, de sa double relation, tout cela s'estomperait jusqu'à disparaître dans les abîmes.

Sur la terrasse de Diego se trouvait un salon de jardin, et sur le coussin beige de l'un des sièges en bois, une mante religieuse se tenait immobile sur le téléphone portable de Diego, malgré les vibrations de celui-ci comme si elle attendait que son propriétaire prenne l'appel.

Diego accoutumé à la présence épisodique de l'animal, le chassa d'un revers de main, et saisit l'appareil.

« - Allô.

- Allô Diego…

- Oh Cécile !... Comment vas-tu ? »

Diego avait toujours du plaisir à discuter avec sa cousine Cécile. Celle-ci lui répondit d'une voix peu assurée qui semblait étouffer une nouvelle difficile à annoncer.

« - Ça va… Ça va… Diego, tu as eu des nouvelles de ton père ?

- Heu… Non… Ça fait un moment que je n'ai pas eu de ses nouvelles... quelques mois… peut-être un an… ou bien deux.

- Diego, ton père est malade », poursuivit Cécile.

Un instant de silence, puis elle continua.

« - Il a un cancer… Il a le cancer de la vessie, le cancer du fumeur. Il est à l'hôpital de Perpignan…

- Il est hospitalisé… Et son cancer est à un stade avancé ?

- Difficile à dire mon cousin… mais tu sais, un cancer ça

n'annonce rien de bon… J'ai pensé qu'il fallait que tu le saches. Je ne savais pas si tu étais au courant…

- Merci Cécile… J'irai le voir. »

Leur échange se poursuivit sur des banalités avant de s'achever. Il y a des circonstances où peu importent les agissements du passé, ne pas regretter les derniers instants avant qu'il ne soit trop tard devient la priorité.

Le passé de Diego avec son père

Peu après avoir raccroché, Diego s'avachit sur le clic clac qui faisait face à la télévision. Il fixait l'écran, mais son regard était vide. Les relations déjà distantes étaient devenues quasi inexistantes depuis deux ans suite au décès de sa grand-mère maternelle. Les images des funérailles de celle-ci défilaient devant ses yeux.

Il avait soutenu sa mère du mieux qu'il pouvait lors de cet événement douloureux. Sa mère était une petite bonne femme d'un mètre cinquante bourrée d'énergie, que tout le monde dans l'entourage appelait Nanette. Mais terrassée par l'événement, la petite boule de feu était vidée de toute énergie, à plat.
Submergée par la tristesse et la fatigue, elle ne voulait pas que cet homme qui lui avait fait tant de mal durant sa vie maritale se présente lors de l'enterrement. Nanette était restée en bon terme avec son ex-belle-famille. Mais alors comment annoncer le décès de sa mère à son ex-belle-famille sans que cela ne revienne aux oreilles de son ex-mari ? Cela générait un stress supplémentaire.

Diego l'avait libérée de ce dilemme en prenant les choses en main. Il avait fait lui-même l'annonce du décès de sa grand-mère à ses oncles en précisant de ne pas en informer celui qui avait été le monstre de son enfance.
Tout s'était passé dans la logique d'un enterrement avec les quelques couacs lors de la cérémonie qui apparaissent parfois comme des clins d'œil du défunt à ceux qui restent. Et peu après que le cercueil eut été descendu dans le trou, comme prévu il envoya un texto à son père pour l'informer du décès.

Le téléphone portable de Diego avait vibré en retour. Son père lui avait répondu : « Ok. Mais pourquoi me le dire seulement maintenant alors qu'elle est décédée il y a une semaine ? (Ref. Article du Progrès du 13/11/2017). Bisous. »

A la lecture du SMS envoyé par son père, le sang de Diego n'avait fait qu'un tour. « Connard ! Tu te victimises encore ! Après tout le mal que tu as fait, si tu te remettais en question, tu le saurais pourquoi on ne voulait pas de ta présence à l'enterrement de Mame ! »

Diego avait pris une feuille blanche, sur laquelle d'un mouvement ample, il avait laissé courir sa main, déversant un torrent de colère à l'encre bleue.

Gérard,

Tu m'as demandé pourquoi je t'ai dit tardivement le décès de Mame.
Ta question mérite une réponse.
Tout simplement parce que ta présence n'était pas souhaitée à l'enterrement.

Moi aussi, j'ai des questions :
- Te remets-tu en question ?
- As-tu conscience du mal que tu as fait à Maman ? Des scènes de violence ? Des crises que

tu prenais ? Des fois où tu l'as frappée, et moi aussi, injustement ?

Tu as semé un climat de terreur à la maison et cela a fait beaucoup de dégâts.

Moi, à cause de toi, j'en ai encore des séquelles aujourd'hui.

Tes agissements ont laissé des traces en moi et je peine à construire une vie sentimentale correcte.

Quant à Oriana, tu ne lui as jamais parlé, tu n'as jamais cherché à la contacter. Tu préfères fuir...

La seule manière d'avancer pour moi est de pardonner, mais je ne peux pardonner à quelqu'un qui ne s'excuse pas.

Sur cette terre, chacun a en lui un côté sombre. Qui n'a jamais fait souffrir ? Qui ne s'est jamais moqué ? Qui n'a jamais blessé ?

Il est plus facile de voir en soi la victime que le bourreau. Et lorsqu'il nous arrive de faire le bilan de notre vie, parfois un peu forcé lorsque quelqu'un dispose le miroir face à nous, honteux, c'est avec dégoût que nous regardons ce côté obscur vers lequel notre petit diable intérieur a pu nous entraîner.

Le père de Diego avait préféré fuir refusant d'affronter, dans le regard de son fils, le con qu'il avait été durant toutes ces années. Il ne s'était plus manifesté.

Est-ce la route et le paysage qui défilent devant les yeux rivés des passagers d'une voiture qui libèrent la parole ?
Diego conduisait la Peugeot 208, en direction d'un petit gîte qu'il avait retenu en location pour le week-end à Thuir. Célestine, contemplait le paysage et la magnificence des montagnes.

Lorsque Diego lui avait confié son échange téléphonique avec sa cousine, sans hésiter, elle s'était proposée de l'accompagner à Thuir.
« Mieux vaut ne pas regretter les derniers instants que l'on peut partager avec les personnes qui ont compté en bien comme en moins bien… Après, il est trop tard… »
Du plus profond de lui-même, Diego pensait : « Qu'est-ce qu'il est bon de pouvoir compter sur celle qu'on aime, se sentir soutenu dans les circonstances les plus difficiles à vivre et à affronter… C'est sans doute cela, l'amour vrai d'un être pour un autre… »
Bien que simple, cette sensation était nouvelle pour Diego.

Une curieuse alchimie alliait ces deux âmes, et la confiance instaurée amenait chacun à dévoiler un peu plus de son intimité, faisant entrer l'autre dans son passé, dans son enfance.

Diego lui conta ce qu'il avait vécu, ses pensées s'échappèrent et l'espace d'une parenthèse temporelle, il fut projeté dans le passé, il y eut plusieurs mois, il y eut un an, il y eut deux ans, il y eut plusieurs années, alors qu'il n'était qu'un enfant. En conduite automatique, la route n'existait plus.

L'ambiance avait été loin d'être gaie à la maison. Diego avait connu la peur au quotidien. Cette peur que son père n'explose de violence l'avait amené à anticiper et sur-anticiper ses moindres faits et gestes, ce qui lui rappelait étrangement ce qu'il avait pu connaître dans certaines relations sentimentales où la fille avec qui il était se comportait comme un petit Hitler. Aussi, il tenait son père pour être en grande partie responsable de son désastre amoureux.

Comment pardonner quand on a vécu de la merde ? Il avait cheminé en traitant ses traumas. Mais la colère restait et avec la colère les images revenaient.

Des scènes de vie dans lesquelles Diego avait connu la peur revinrent en pagaille. Des images de vie fusaient de part et d'autre.

« - Diego ! Viens, on va jouer aux échecs ! »
« - Attends papa, il y a Caroline qui est venue pour jouer avec moi... », lui répondit le petit garçon de sept ans.
« - Viens-ici ! Je te dis qu'on va faire une partie d'échecs ! », hurla son père.
« - Oui mais on peut la faire plus tard... Caroline est à la maison et...
- Viens ici ! »

L'enfant n'eut pas le temps d'ajouter un mot. Le géant l'attrapa par les cheveux et des gifles s'abattirent sur lui. La petite voisine, pétrifiée devant la scène partit en courant chez elle. Diego, apeuré et humilié, partit se réfugier en pleurant dans sa chambre.
Caroline ne revint jamais plus chez Diego.

La route dégagée rendait visible quelques hameaux et habitations dispersées au-delà des champs. Tandis que la petite 208 roulait sur l'autoroute qui séparait des champs aux allures de morceaux de tissus rapiécés, les pensées de Diego poursuivaient leur évasion et les images d'une enfance douloureuse revenaient.

Diego jouait aux Lego. Le petit garçon âgé de cinq ans s'était installé dans la cour et il avait sorti de son coffre à jouets son jeu de construction, lorsqu'il se mit à tomber des gouttes d'eau.
« - Diego !… Diego ! »
Les gouttes de pluie accélérèrent leur cadence.

« - Diego ! Diego ! Tu es où !!?… Diego ! Viens ici !! »
« Je suis là papa ! Je range mes jouets !... »

Mais l'ogre n'entendait rien et continuait de l'appeler.

Cruel dilemme pour Diego. Valait-il mieux ranger ses jouets pour qu'ils ne prennent pas l'eau, au risque de recevoir une rouste pour ne pas être venu au pied lorsque le tyran l'avait sommé de rappliquer ?
Ou bien fallait-il venir expressément au risque de recevoir le même châtiment pour ne pas avoir rangé ses jouets ?

Diego avait opté pour la première solution. Au moins, ses jouets seraient préservés de la pluie, et avec un peu de chance il pourrait s'expliquer.
Il rangeait au plus vite ses jouets dans le coffre, lorsque…

« - Diego ! Diego !!… Ah te voilà !! »
« - Papa, je rang... »

Il n'avait eu le temps de finir sa phrase qu'une avalanche de claques avait déferlé sur lui.

Ces scènes de vie défilaient comme un film, tandis que la voiture poursuivait sa route. Puis jaillirent des images éparses.
Survint alors l'image du visage de son père, sourcils froncés, un mélange de folie meurtrière et de colère dans le regard, associée aux mots « Non Diego ! … Ne touche pas ! Si tu abîmes la maquette, tu t'en prends une ! »…

Puis revint à la surface l'image du petit garçon de cinq ans, recroquevillé dans son lit, seul dans le noir, les volets fermés, éprouvant l'ennui et la peur. Une image qui illustrait ce moment terrible, durant lequel il s'était retrouvé seul à seul avec le monstre pendant que sa mère était à l'hôpital partie accoucher de sa petite sœur.

La peur de mal dire, la peur de mal faire, la peur de dire, la peur de faire… la peur tout court.
Célestine l'écoutait tranquillement, tandis qu'il lui narrait les Noëls de son enfance. C'était le moment tant espéré durant une année ! Car c'était un moment de joie intense durant lequel il aimait retrouver ses cousins et la chaleur de la famille de celui-ci. C'était des moments précieux lors desquels des éclats de rires parsemaient un repas festif, loin d'un triste quotidien.

Diego évoqua une discussion qu'il avait eue avec son cousin Sébastien. Il avait alors une dizaine d'années.
« - J'adore Noël ! Je trouve ça génial de rire et de pouvoir parler comme ça à table ! », lui avait-il dit.
« - Oui c'est sympa… Mais on peut rire comme ça et parler à table toute l'année », lui avait répondu Sébastien.

Diego surpris, avait réagi : « - Ah bon ?... Tu peux parler à table et rigoler pendant le repas même quand ce n'est pas Noël ?
- Bien sûr ! », avait répondu son cousin. « Bon d'accord, mon père ne veut pas qu'on coupe la parole aux adultes mais il nous demande comment s'est passée notre journée à l'école, et on rigole... »

Ce qui va de soi, va de soi pour soi... pas forcément pour tout le monde. Ce qui était normal pour lui ne l'était peut-être pas pour tout le monde. Pour Diego, vivant au quotidien dans la peur, sous la tyrannie de son père, les repas étaient à l'inverse, bien tristes. Dans le silence, ou presque, son père s'était octroyé à lui-seul le droit de commenter le journal télévisé. Les repas se déroulaient, l'ogre hurlant devant la télévision sacrée. Pour une cuillère qui tombe ou un mot dit trop fort, le fou pouvait piquer sa crise. La mère et ses deux enfants communiquaient par gestes pour se demander de l'eau ou du pain. Ils avaient appris à anticiper l'éruption volcanique, vivant dans un climat de peur latente, ne sachant quand le volcan exploserait pour tout ravager de ses cendres.
Diego pensait que Noël était comme une trêve, un jour d'exception durant lequel on pouvait être joyeux.

Diego mit son clignotant sur la droite et emprunta la sortie de l'autoroute en direction de Thuir.

A l'hôtel de Thuir

C'était le soir. Attablés à la terrasse d'un petit restaurant situé à deux pas du gîte, les deux amoureux, le menu entre les mains, choisissaient silencieusement leur repas.

Le ventre noué, devant son entrecôte, le regard de Diego se perdait dans le décor des abords du resto, laissant ses pensées s'échapper.

Il repensa à ce moment, peu avant la naissance de sa fille, durant lequel il avait éprouvé le même stress avant de téléphoner à son père. Il avait été question alors, de se retrouver après trois années de silence entre les deux hommes. Du haut de ses trente ans, sur le point d'être papa, il avait alors éprouvé le besoin de se purger de ce passé qui continuait de le hanter. Il avait eu besoin d'exprimer ce qu'il avait sur le cœur auprès de celui qui avait été le monstre de son enfance.

Les deux hommes s'étaient donné rendez-vous chez Diego, seul à seul. Et après quelques banalités échangées, il avait vidé son sac, … en fait, une petite partie de son sac tant il contenait de souffrance. Son père avait accepté de venir, mais entendre les reproches lui était insupportable. Dans une forme de déni de celui qu'il avait été durant l'enfance de Diego, il fuyait du regard, détournant les propos que lui adressait son fils, mettant sur le compte de la dureté du travail ses lacunes, expliquant qu'il avait lui-même reçu des coups de ceinturon et de courroie de machine à laver de son propre père.

Cette entrevue père-fils avait été frustrante pour Diego tant il aurait eu des choses à exprimer, néanmoins elle avait eu le mérite de permettre de rétablir un lien entre eux.

Célestine, lisait dans les yeux de Diego et dans sa lenteur inhabituelle à consommer son repas, le stress qu'il éprouvait à l'idée de se retrouver à nouveau face à son père, cette fois-ci amoindri par la maladie. Elle parlait peu, mais sa simple présence à ses côtés lui était réconfortante.

Peu après leur retour au gîte, il lui fallut puiser dans ses ressources pour trouver le courage de composer le numéro de téléphone de son père. Quelques sonneries dans le vide…
Son père décrocha et Diego perçut une voix heureuse de recevoir son appel. La voix montrait des signes d'affaiblissement sans être pour autant celle d'un mourant. Et lorsque Diego annonça à son père son arrivée à Thuir, dans un gîte situé à deux pas de sa maisonnette, ce dernier, content de cette visite surprise lui dit instantanément de le rejoindre à son domicile.

C'est curieux de voir comme la maladie amène parfois le respect et aide à pardonner celui qui souffre. Elle rappelle à chacun sa vulnérabilité et la fragilité de la vie, et gomme ainsi les vieilles rancœurs.
Mais Diego n'en était pas encore à pardonner. Le mal et la colère étaient encore trop présents.

Les derniers mots sur lesquels il avait fini sa dernière lettre à son père résonnaient encore : « *Je ne peux pardonner à quelqu'un qui ne s'excuse pas* ».
Diego ne concevait jusqu'alors le pardon que comme un acte qui libère celui qui est pardonné, sans se rendre compte que ce même acte libère aussi celui qui pardonne de sa rancœur et son aigreur.
Le pardon… ce pan important de la déconnisation qui amène celui qui pardonne à surmonter son orgueil et ce qu'il y a d'amer et de vengeur en soi pour gagner l'humilité.

Diego venait de franchir la porte. Célestine était restée au gîte. « Prends tout le temps dont tu as besoin… », lui avait-elle dit d'une voix douce et bienveillante estimant que ce moment lui appartenait.

Tandis qu'il arpentait les rues de Thuir, parmi les images du passé, le souvenir d'une partie de Monopoly avec son père revint à son esprit.

Le petit garçon jouait avec son père comme ça arrivait de temps à autre les week-ends pluvieux. Ce jour-là, la chance était de son côté. Il avait acheté la rue de la Paix et l'avenue des Champs Elysées, possédait les quatre gares et avait des hôtels un peu partout dans le jeu. Les billets s'entassaient devant lui tandis qu'il voyait son père se ruiner encore et encore plus. L'air abattu, celui qui avait pour habitude de le rabaisser, inspirait la pitié. Le petit Diego ne pouvait voir son père s'enliser. Le monstre tyrannique avait cédé sa place à un père diminué, qui suscitait la tristesse et la compassion chez l'enfant. Puis, comme ils avaient l'habitude de le faire dans le jeu, ce fut le temps de faire affaire. Pendant quelques minutes, durant ce moment, les joueurs discutaient pour échanger quelques titres de propriétés convoités par chacun. Mais cette fois, le père de Diego n'avait pas grand-chose à échanger.

Devait-il poursuivre la partie telle qu'elle était engagée et gagner ? Après tout, ne cherche-t-on pas à gagner quand on joue ? Ou bien devait-il assister à la déchéance de son père en ayant le poids de la responsabilité de sa défaite ?

Si seulement il avait pu y avoir deux vainqueurs, mais la règle est cruelle…

De toute sa bonté, il donna quelques titres de propriétés à son père, sans remarquer que ce dernier laissait s'afficher un sourire en coin, un sourire qui grandissait au fur et à mesure que les négociations allaient en sa faveur. Et il lui donna d'autres titres de propriétés plus importants encore… Lorsque le temps des affaires prit fin, son père se tenait droit et semblait avoir retrouvé toute sa vigueur. Il lança les dés et la partie reprit. La chance avait changé de camp. Tandis que les piles de billets du petit garçon diminuaient, son père s'était bel et bien refait une santé. Il avait repris l'ascendant, fanfaronnant, toisant son fils qui s'enfonçait à son tour. Lorsque l'enfant eut perdu la partie, tandis que celui-ci rangeait les accessoires du jeu dans le boîtier, sans aucune empathie ni pitié pour celui qui l'avait laissé gagner, de toute sa vantardise, son père afficha sa supériorité. Il écrasa l'enfant lui dévoilant au passage que son air abattu n'avait été que manipulation ayant pour seule visée de vaincre.

Diego s'était juré qu'il ne se laisserait plus avoir. Dorénavant, il serait prudent. Il imposerait des limites à son empathie pour s'épargner de faire parler sa naïveté.

Le rythme de son cœur s'accentua. Il se trouvait face à la porte de la maison de village de son père, et son doigt pressa la sonnette.

Cela faisait deux ans qu'il n'avait pas revu son père suite à son écrit. S'il s'en remettait à ce que lui avait dit sa cousine et son oncle Albert, il allait avoir face à lui l'image d'un mort-vivant. Diego s'était donc préparé psychiquement à se confronter à l'image d'un déporté de la deuxième guerre mondiale, décharné, squelettique, chauve, la parole compromise par le souffle difficile d'une agonie lente.

Et curieusement, pas de peur, ni de colère. Diego était à présent loin de tout cela. Il avait juste envie de… pardonner.

Oui, c'était cela, une envie de pardonner, étape essentielle pour se déconniser. Ce n'était pas un de ces pardons superficiels que l'on fait parce que l'on se sent contraint. Non, c'était une envie réelle et profonde qui grandissait en lui, pour être en paix avec lui-même, loin de la colère et des ressentiments.

Paula, la femme de son père lui ouvrit et l'accueillit avec un grand sourire. Lorsqu'il entra, il redécouvrit le bazar phénoménal qui le caractérisait, composé de divers objets qu'il avait connus dans son enfance. Il monta les escaliers étroits qui conduisaient au premier étage.

« Je suis là ..iego… »… La voix de son père présentait une élocution difficile. Les lieux étaient exigus. Il avança tranquillement jusqu'à la chambre qui se situait derrière une cuisine minuscule, et il découvrit sur son lit, un homme au visage pâle, qui avait perdu tous ses cheveux. Un tube sortant de sous les draps reliait une poche remplie d'urine accrochée au bord de son lit.

Diego s'approcha de son père. Celui-ci, ne sachant quelle distance avoir avec un homme bien éloigné du petit garçon qu'avait été son fils, lui tendit la main timidement pour le saluer. Diego n'en fit pas cas et s'approcha pour lui faire la bise.

Dans la petite pièce du malade, se trouvaient trois meubles de pharmacie débordant de médicaments de toutes sortes. Le moribond avait son ordinateur portable à portée de main, sur son lit, ce qui laissait entrevoir à quoi devaient ressembler ses journées.

Voilà, il en était là le monstre de son enfance. La mante religieuse agonisante, agitait parfois une pince dans un réflexe de survie. De même, l'ogre qui n'avait plus rien d'un ogre agitait une pince pour rapprocher son ordinateur de lui en entamant une discussion sur des banalités. L'ancien prédateur était devenu une proie fragile. Mais qui sait, un sursaut de méchanceté est toujours à craindre et Diego avait été échaudé dans son enfance. Bien que touché par l'image dégradée de son père qu'il avait face à lui, il marquait une certaine distance et restait sur ses gardes.

Diego avait de la peine de voir ce que la vie peut exercer en termes de souffrance. « L'enfer est bien sur terre ! », pensa-t-il.

Ils échangèrent quelques banalités. Et son père, passionné par les pièces de monnaie anciennes, lui remit une petite planche contenant des pièces de collection de l'année de naissance d'Elsa. Il ajouta qu'il avait commandé par internet celles qui correspondaient à son année de naissance ainsi qu'à celle de sa sœur.

Diego prit cela pour un geste d'affection qui contenait une étincelle d'amour. A chacun ses capacités à témoigner ses sentiments !

Dans le meilleur des cas certains arrivent à dire à ceux qu'ils ont blessés jadis : « Je sais que je t'ai blessé et je me rends compte que je t'ai fait souffrir. Je te demande pardon. »…

Des mots si simples et qui réchauffent le cœur de celui qui les entend. Mais combien sont-ils à les prononcer ? Combien sont-ils à accepter de mettre de côté leur orgueil et à trouver le courage de demander pardon ?

Sans doute un peu plus nombreux sont ceux qui acceptent la discussion et reconnaissent à demi-mots la souffrance qu'ils ont infligée. Néanmoins, ne voulant reconnaître pleinement qu'ils ont eu tort, ces derniers n'arrivent pas à demander pardon.

Son père, quant à lui, fuyait les discussions qui pouvaient le mettre à mal. Il avait choisi une méthode très efficace qui consistait à se réinventer une histoire, celle-ci plus convenable, et dans laquelle les passages qui pouvaient le compromettre étaient tout simplement censurés. Sans témoins de ses passages à l'acte, Diego aurait pu douter de lui sur la tangibilité de ses propres souvenirs. Mais il n'était pas fou, il n'avait pas inventé la violence vécue dans le passé. Tout cela n'était pas un mirage.

A quoi bon attendre des excuses !… Diego en avait fait le deuil depuis longtemps.

Il est plus facile de rentrer en empathie avec une victime qu'avec le bourreau, car celle-ci fait écho avec le côté victimaire qu'il y a en chacun de nous. Il demeure plus compliqué de rentrer en empathie avec un monstre car cela renvoie à ce que l'on a de monstrueux en soi, cette partie que nous acceptons difficilement de voir. Comment voir de l'amour chez le monstre ? Et pourtant… Diego arrivait à présent à voir l'amour y compris l'étincelle qui subsistait chez celui qui l'avait blessé dans son enfance, une étincelle bien enfouie, bien cachée derrière les remparts de la carapace que celui-ci même s'était forgée.

Le papy Girou, comme Diego avait pris l'habitude de le nommer, demanda à sa femme de rapporter des planches sur lesquelles étaient disposées certaines de ses pièces de monnaie de collection. Et il entreprit un discours sur l'histoire de France se rapportant aux pièces anciennes qu'il présentait avec fierté, meublant ainsi le silence.

Diego reconnut là, la manière d'être caractérisée de son père, dans le déni de la mort, cherchant à exister par un étalage de connaissances dont l'entourage se lassait. Diego avait aussi de la peine de voir cet homme qui était passé à côté de sa vie, se gargarisant par orgueil de connaissances idiotes sur l'histoire des rois de France, mais n'étant jamais arrivé à exprimer véritablement son amour à ses enfants.

Dans leurs différences, la mère et le père de Diego avaient un point commun. Incapables de verbaliser leur demande de pardon, ils traduisaient leurs regrets sur leurs erreurs du passé en offrant des cadeaux qui exprimaient ce que les mots ne pouvaient dire.

Ainsi Diego partit, emportant avec lui des pièces de monnaie que lui avait offertes son père, ainsi qu'une émotion curieuse, bizarre, indescriptible… satisfait d'avoir accompli son devoir de fils, et néanmoins frustré d'avoir retrouvé un père étranglé par un orgueil toujours aussi présent.

A son retour de Thuir, Diego retrouva la mante religieuse inerte sur la terrasse.

L'image du monstre de son enfance était-elle morte ?...

Peut-être avait-il tué l'image du père monstrueux de son enfance, peut-être avait-il pardonné les agissements du passé. Diego avait compris que pardonner ne signifie pas faire fi du passé.

Pardonner, ce n'est pas nier les agissements, les blessures du passé et écouter aveuglément ce petit côté qu'il y a en chacun de nous, qui espère que l'autre a changé pour être à l'image de ce que l'on attend de lui.

Non, pardonner, ce n'est pas donner sa confiance sans lucidité.

Leçon de vie extraite du Manuel de Déconnisation

Diego comprenait que pardonner n'est pas un risque car cela n'engage à rien si ce n'est se libérer… Il pensait présomptueusement avoir pardonné à son père.

La vie continuait son cours, rapprochant chaque jour, encore et encore plus, dans un lien d'amour toujours plus fort, toujours plus vrai, les deux petites âmes de Célestine et de Diego. Novembre, décembre, passèrent sans nouvelles du papy Girou, Elsa se montrant toujours aussi imperméable envers son père, tout en ruminant une colère étouffée à l'encontre de son autorité. Son oncle Albert le tenait informé de temps à autre. Le papy Girou semblait tout doucement remonter la pente. Il stressait néanmoins à l'approche d'une grosse opération. On lui avait annoncé une ablation de la vessie, celle-ci étant pourrie par le cancer, et la mise en place d'une poche. Apprenant cela, Diego lui envoya un message de soutien auquel il eut pour réponse un message de bonne année de son père semblable aux messages des années précédentes.

Toujours dans un déni de la maladie et de la mort, le père de Diego tenait un discours illusoire qui laissait entendre que l'opération allait se dérouler tranquillement et qu'il en ressortirait tout neuf, comme une voiture sur laquelle on aurait changé le moteur.

Puis le mois de janvier s'écoula doucement avec son lot de joies et de fatigue, lorsque le portable de Diego vibra.
Son oncle Albert était à l'autre bout du fil. Il prit des chemins détournés pour lui annoncer que « les nouvelles n'étaient pas bonnes ».
Les médecins venaient de lui annoncer qu'ils allaient arrêter les traitements car il n'y avait plus d'espoir à ce stade. Le cancer

avait pris de l'ampleur et était omniprésent dans son corps. Des métastases avaient migré dans les poumons, le foie et les intestins. La fin était proche.

Albert rapporta à Diego que le papy Girou était effondré. En pleurs, le moral au plus bas, il aurait délivré à son frère ces quelques mots : « Toi, tu as de la chance, tu as tes enfants près de toi… ».

En apprenant cela, un mouvement de colère se répandit en Diego.

« Jusqu'au dernier moment tu te seras victimisé, attendant que tout vienne à toi, sans faire un pas vers l'autre, sans remise en question ! », pensa-t-il tout haut.

Albert, plus sage, lui répondit : « Il est comme ça… tu le sais bien. Il a besoin d'aide. Ecris-lui, ça lui fera du bien… »

Diego, plus impulsif, oubliant la souffrance et l'état de santé pitoyable de son père, fut énervé par l'attitude d'un homme qui ne s'était en rien déconnisé jusqu'au moment ultime. Se ressaisissant, il répondit qu'il allait se rendre à son chevet.

Il acheva cet échange téléphonique avec son oncle, partagé entre colère, tristesse et son devoir de fils à accomplir.

Diego était allongé sur son clic-clac. Célestine se tenait près de lui. Perturbé par son échange téléphonique et les propos que son oncle lui avait rapportés, il bouillonnait de colère.

Il fit part à Célestine de sa rage intérieure et de ses tourments.

« Tu te rends compte, jusqu'à la fin, il ne se sera jamais remis en question ! Non seulement, j'ai fait la démarche de me rendre près de lui en apprenant qu'il était malade… Mais en plus, il se plaint encore de ne pas avoir ses enfants près de lui !... Non mais il a conscience de ce qu'il a été quand j'étais enfant ??!... De sa connerie ??!... Il se plaint d'être seul… Pfff !... Il a ce qu'il mérite !... »

Diego déversait sa colère et pensait que Célestine, de tout son amour, le soutiendrait en allant dans son sens.

Il y eut un instant de silence, avant que Célestine, le regardant droit dans les yeux, ne lui déclare :

« Tu veux que je te dise », lui dit-elle, « … je pense que ton oncle a pardonné à son frère, … toi non ! »

Diego resta coi devant cette affirmation.

Elle poursuivit : « Quand on pardonne, on accepte l'autre tel qu'il est ! »

Et toute la profondeur de cette phrase fit son chemin.

Pardonner les actions du passé est une chose, mais plus dur est de pardonner à l'autre d'être ce qu'il est .

Leçon de vie extraite du Manuel de Déconnisation

Diego se rendit à l'évidence qu'il avait certes pardonné les scènes du passé à son père, et cela n'avait pas été chose aisée... Il lui manquait à présent un deuxième morceau pour que le pardon soit total : il lui fallait pardonner à son père d'être ce qu'il était, et ce qu'il n'avait jamais été (il avait été tout sauf un père).

Il pensa : « Cette image du père qui m'a tant manquée, et que j'ai par chance trouvée chez d'autres comme mon oncle Daniel, mon ami Dédé et mes professeurs de judo, pour me construire... Pourquoi persister à la chercher et à l'attendre d'un homme qui ne peut pas me la donner... ? »

« A mon tour de me pardonner d'avoir persisté à vouloir qu'il soit tel qu'il n'est pas ! », pensa-t-il.

Diego, allongé dans sa baignoire à bulles, repensait aux paroles de Colette « thérapeute de l'âme » : « Vous avez eu un père inconsistant... »
... Et le mot inconsistant résonnait à l'intérieur de lui parsemant son esprit de points d'interrogations.

« Inconsistant ?... Inconsistant ?... Tyrannique, violent,... pourquoi pas !... Mais inconsistant ?... », pensait Diego.
Qu'entendait-elle par inconsistant ?

Diego se rendait à présent compte à quel point il avait été en attente d'un geste qui ne venait pas, d'un mot d'amour, d'une simple marque d'affection de la part de son père.
Elle était là l'inconsistance de son père. Elle était dans le manque d'amour d'un père, situé dans la partie immergée d'un iceberg, la partie visible étant constituée de peur et de tyrannie.

Il ferma les yeux, et reprit en méditation une prière de pardon que Colette, lui avait enseignée :

« Au nom de Dieu,
Je me pardonne d'avoir idéalisé et diabolisé mon géniteur, Gérard Delavaga,

Je me pardonne de m'être mis cette mauvaise programmation au fond de moi.

Au nom de Dieu,

Je me pardonne dans ma tête, dans mon cœur, dans mes tripes,

Dans mon corps, partout dans mon corps, au plus profond de mon corps,

Dans mon Âme, partout dans mon Âme, au plus profond de mon Âme,

Par pensée, par parole, par action.

Amen. »

Ce jour-là, Célestine était restée dans sa région iséroise. Elle travaillait. De son côté, Diego covoiturait avec sa mère et sa sœur jusqu'à Perpignan par un temps de Toussaint bien qu'il eut été le 16 février 2020.

Peu après leur arrivée à l'hôpital, il proposa à Nanette et Oriana d'attendre à l'extérieur de la chambre. Il entra dans cette pièce, découvrant les jambes amaigries et inertes d'un homme, une couche de protection autour de son bassin. Pour le reste, un drap recouvrait pudiquement le buste de son père, laissant deviner un corps décharné.

Diego s'approcha lentement de lui. L'homme tourna la tête en sa direction. Ses yeux vitreux, fatigués, exprimaient la joie de le voir à son chevet.

Il prit la main de son père, et celui-ci, d'un geste tendre qu'il n'avait jamais eu jusqu'alors, avec le peu de force qui lui restait, la rapprocha de son cœur.

Un long moment s'ensuivit dans le silence, puis Diego prononça : « Tout est pardonné… On t'aime tous très fort… »

Il se leva doucement en lui disant qu'Oriana et sa mère étaient venues pour lui, et il les fit entrer à leur tour dans la chambre d'hôpital.

Épuisé, il balbutiait des mots dont seules les voyelles sortaient de sa bouche. Devant ses deux enfants qui n'étaient plus des enfants, et son ex-femme, il semblait heureux. Il débitait des phrases incompréhensibles dont lui seul détenait le sens, et il esquissa même un faible sourire lorsque Nanette lui fit remarquer avec tendresse qu'il était toujours aussi bavard.

Une heure plus tard, Oriana et Nanette quittèrent la pièce pour laisser à nouveau Diego seul à seul avec son père.

Diego s'assit alors près de lui, lui tenant la main. Les deux hommes se regardaient, Diego, les yeux remplis de larmes, pleurant devant un père au regard empreint d'une affection qu'il avait tant attendue. Ils se tenaient tous deux la main, délicatement, pleins d'affection dans le regard. Curieux moment durant lequel il avait gagné toute la consistance qu'il n'avait pas su trouver pendant toute une vie.

Son père essayait en vain de lui dire quelque chose, quelque peu agité :
« é.e.i.e….ai………..e..e…ai……..e..e…..a….u……on……
o..a..e…. e..e…ai……..e..e…..a….u……on……o..a..e… »…
Puis il s'apaisa. Les larmes coulaient le long des joues de Diego.

« Si tu m'entends, serre-moi la main… »
Et son père exerça une pression sur sa main.

« Est-ce que tu m'aimes très fort ? »
Il serra, à nouveau la main de son fils.

« Es-tu fier de moi ? »
Et encore là, il referma ses doigts sur ceux de son fils, lui transmettant la reconnaissance et un amour attendus depuis tellement longtemps… toute une vie !

Et là, Diego reprit cette phrase, à deux mots près qui en changeaient tout le sens : « Quelles que soient les erreurs, tout est pardonné… Tout est pardonné… Je t'aime très fort. »
Son père n'avait plus la voix pour le dire, mais il lui serra la

main, et du regard, lui fit comprendre qu'il avait compris.

Pourquoi est-ce sur le palier de la mort que certains témoignent de tout l'amour qu'ils n'ont pas su donner avant ?
Peut-être parce qu'à ce moment-là, les comportements orgueilleux, savoir qui a tort, qui a raison, paraissent bien futiles. Et l'âme, libérée de ses chaînes et d'un diable intérieur impuissant, peut enfin dire son amour.

Il l'embrassa une dernière fois. Et dans l'ironie d'un dernier mouvement de déni, les yeux débordant d'affection et de fierté, tout en sachant qu'ils se voyaient pour la dernière fois durant leur parcours terrestre, trouvant la force pour articuler trois consonnes, son père eut ces mots : « A la prochaine… »

Et ce fut la dernière fois qu'il le vit.

A son retour, Célestine semblait fortement perturbée, mais Diego lui-même préoccupé par ce qu'il était en train de vivre, n'y fit égoïstement pas cas. Elle ravala ses tourments et prit sur elle pour être aux côtés de Diego en ce moment difficile.

Le père de Diego s'en alla définitivement dans la nuit du lendemain. Et cinq jours plus tard, Diego refit un aller-retour pour assister aux obsèques.

Lors de la cérémonie, le pasteur appela Diego au pupitre.
Il avait préparé un texte de quelques lignes. L'émotion et les sanglots qui le prenaient à la gorge furent si forts, qu'associés à la force des mots, les personnes présentes dans la salle ne purent s'empêcher de laisser couler leurs larmes à leur tour.

Il y a quelques nuits, j'ai fait un rêve...

J'ai fait un rêve dans lequel un père aimant me prenait dans ses bras, m'enveloppait de toute sa tendresse. Et dans ce rêve, il me regardait avec des yeux emplis d'amour et de fierté.

Je remercie mon Dieu d'avoir pu vivre ce rêve en condensé ce dimanche 16 février dernier quand je suis venu dire au revoir à mon père, pour la dernière fois, dans cette chambre d'hôpital.

En écrivant ce texte, je verse des larmes pour cet instant fort où nous nous sommes quittés sur ces quelques mots qu'il avait l'habitude de dire au moment de partir... Ils furent les seuls mots audibles qu'il put exprimer ce jour-là,

... d'un dernier souffle : « ... à la prochaine. »

Diego

Le pasteur poursuivait la cérémonie. Une jolie musique douce, espagnole, à la guitare classique suivit. Et pendant cet instant de mélancolie, Diego, assis sur un banc, devant le cercueil, regardait la photo de son père. Et son regard scrutait doucement la gerbe de fleurs…puis les roses qui y étaient déposées.

Il vit alors ce que personne d'autre ne vit ce jour-là. Fruit de son imagination, les deux feuilles de la collerette, situées sous les pétales d'une rose blanche, étaient repliées sur elles-mêmes, comme les deux pattes avant d'une mante religieuse dont le corps semblait être constitué par la tige de la rose.

… Et le cercueil partit avec l'animal, sous les flammes, sous le regard larmoyant de la femme de son père.

Ainsi, le Papy Girou emporta avec lui les rancœurs et les egos mal placés comme un tsunami balaie tout sur son passage.

Diego reçut des messages de condoléances de son entourage. Il reçut tout cela comme une marque d'amour de la part des gens qui l'aimaient. Certains ignoraient ce qu'il avait vécu et se référaient à eux-mêmes ou tout simplement à ce qui se dit habituellement dans ce genre de circonstances. Il ne leur en voulait pas. Il voyait juste dans ces messages une marque d'attention touchante.

Certains messages évoquaient la tristesse et le manque, sans doute parce qu'il paraît normal de souffrir d'un manque lorsque l'on a été bien rempli d'amour avant. Pour Diego, c'était un peu l'inverse. Très curieusement, il avait éprouvé le manque d'amour de la part de son père durant toute une vie, et c'est à présent qu'il se sentait rempli, comblé depuis cette journée du dimanche 16 février de tout ce qu'il n'avait jamais eu jusqu'alors. Et tandis que les gens évoquaient la perte d'un père, lui, semblait avoir trouvé le sien.

*L'être humain grandit à plusieurs vitesses, et bien qu'adulte dans l'âge sur la carte d'identité, il peut par endroit rester le petit garçon orphelin ou la petite fille en manque d'affection.

*Leçon de vie extraite du Manuel de Déconnisation

Diego avait eu du mal à accepter le fait même d'avoir été dans le manque d'un papa, encore à quarante-sept ans.

Qui pouvait comprendre cela ? Qui pouvait le comprendre ?... Célestine peut-être…

Les jours passèrent et Diego se sentait allégé d'un fardeau. La déconnisation mène au pardon et le pardon libère d'un poids. Néanmoins, la vie est une école qui laisse peu de répit. Aussitôt a-t-on fini de traverser une épreuve de laquelle on a tiré des leçons qu'une autre nous attend.

Diego se tenait devant le miroir de la salle de bain, remettant rapidement de l'ordre dans ses cheveux, lorsque son téléphone portable vibra.

«

Coucou papa, finalement je préférerais qu'on se voie demain parce que j'ai des devoirs à faire. Bisous

»

Le message était bien formulé et était ponctué d'un « bisous », mais Diego éprouva un sentiment de déception assorti d'une colère. Il avait prévu de passer le week-end avec sa fille et celle-ci lui annonçait par un simple texto, au dernier moment, qu'elle ne souhaitait pas qu'il vienne la chercher pour le week-end…
Il la contacta aussitôt.

« - Allô…
- Allô Elsa. Je viens de recevoir ton SMS. Pour commencer, j'aurais préféré que tu me téléphones plutôt que tu m'envoies un message… Bon passons ! Tu as un empêchement à cause de tes devoirs ?
- Oui,… en fait je vais manger avec maman et une copine à elle…
- Ça ne concerne pas vraiment les devoirs ça… Bon, eh bien je

viendrai te chercher quand tu auras fini tes devoirs en fin de journée.

- Oui mais, en fait je pensais passer la soirée avec ma copine Maeva ce soir…

- … Ça ne concerne pas vraiment les devoirs ça non plus !... Soit, je viendrai te chercher ce soir vers 22H30, après que tu auras passé une partie de la soirée avec elle… Mais je ne ferai pas un aller-retour demain. »

Elsa changea de ton.

« - Et pourquoi je ne pourrais pas passer la nuit chez ma copine si j'en ai envie d'abord ?!!

- Tout simplement parce que tu ne m'as pas dit les choses franchement, et que tu m'envoies un SMS au dernier moment au lieu de me téléphoner pour en discuter !

- … J'ai pas envie de venir !!

- Ah c'est comme ça, … et bien j'arrive de suite et on va se parler directement ! »

Diego percevait les sanglots étranglés d'Elsa au téléphone.
« - J'arrive. »

Et il raccrocha.

La jeune ado courut se jeter sur son lit en pleurs devant sa mère inquiète. Que s'était-il passé ? Il avait dû être un monstre avec elle pour qu'elle se mette dans un tel état ! Il avait sacrément dû y aller fort… Sûrement l'avait-il menacée de la fouetter ?... de ne plus jamais voir ses amies ?

Le temps d'aller chercher une veste, d'ouvrir le portail de la cour, et de prendre le volant, Diego jeta un œil furtif sur son téléphone portable et vit 12 appels en absence de Jocelyne et un

SMS.

« Rappelle moi en urgence, il faut que je te parle »

Diego conduisait la Peugeot 208, avec pour pensée d'avoir une explication avec sa fille. Ce n'était pas une petite merdeuse insolente qui allait décider des choses ! L'attitude arrogante de cette adolescente venait heurter son autorité.

Tout en conduisant, il contacta Jocelyne.

« - Allô.
- Bonjour Jocelyne, tu as essayé de me j…
- Oui j'ai essayé de t'appeler Diego ! Elsa est en pleurs, ça ne va pas de lui parler comme ça !
- Arrête de me faire passer pour un monstre ! Je suis sur la route. Elle m'a manqué de respect. Elle m'a…
- Diego, ce n'est pas la peine de venir, je t'empêcherai de la voir !
- Mais je veux juste une explica…
- Il en est hors de question ! Elsa est en larmes, je ne te laisserai pas la voir !
- Tu n'as pas à m'interdire de voir ma fille !
- Si, je t'en empêcherai ! »

Diego se rangea impulsivement sur le côté, prit le téléphone et hurla face à ce mur d'incompréhension.
- Non mais ça ne va pas ! Elle m'a manqué de respect je te dis ! Je viens pour avoir une explication avec elle, rien de plus !!
- Ça ne sert à rien que tu fasses la route ! De toute façon, je ne t'ouvrirai pas !

C'était le mur d'une mère protectrice qui faisait bouclier pour empêcher l'ogre de venir manger son enfant, mais c'était surtout le mur de connerie d'une mère qui se laissait manipuler par une ado défiante de l'autorité. Elsa avait su amplifier les larmes afin d'être soutenue contre celui qui était le dernier rempart à sa liberté.

Confronté à son impuissance, de rage, il jeta son téléphone sur le siège avant passager en lâchant un « Putain ! », avant de faire un demi-tour en trombe pour rebrousser chemin.

C'était la deuxième fois qu'Elsa défiait frontalement son père. Elle avait fait une vaine tentative six ou sept mois plus tôt, mais il avait eu une entrevue avec elle, et la jeune effrontée avait fini par baisser les yeux avec la rancœur d'un putsch avorté.

Mais cette fois-ci, elle avait à ses côtés une alliée de poids, qui de plus, par un petit rictus en coin, laissait entrevoir un certain plaisir jouissif de voir Diego mis à mal par sa fille.

Diego faisait les cents pas. Il ruminait, ressassait son échange téléphonique. L'intonation de la voix inquisitrice de la mère de sa fille revenait en boucle.

« Putain, mais c'est pas possible !... Elle ne se rend donc pas compte qu'en voulant exercer sa petite vengeance contre moi, elle est en train de donner un ascendant à Elsa. Putain ! Elle me discrédite, elle me tue dans mon rôle de père ! La connasse ! ... Elle va tout foutre en l'air ! »

Dépité, il finit par s'asseoir sur le clic-clac du salon et prit sa tête entre ses mains.

« Allez, calme-toi mec ! Si tu surenchéris par la colère, les événements vont se retourner contre toi, et tu vas perdre ta fille… Celui qui s'emporte a toujours tort… Cool… »

Il saisit son portable et envoya un message à Elsa.

« Je pense qu'il vaut mieux laisser retomber ma colère et que tu te calmes de ton côté. Je viendrai te chercher demain à 11H30 pour faire un resto. Bisous »

« Ne viens pas me chercher demain, je ne suis pas prête à te reparler »

La voiture de Célestine pénétra dans la cour. En se dirigeant vers l'entrée de la maison, elle chassa ce qui apparaissait comme un tourment qui l'attristait. Puis elle ouvrit la porte et fut surprise par le silence inhabituel.

« Diego ?... Diego ?... Tu es où ? »

- En entrant dans le séjour, elle le vit l'air soucieux, accoudé sur ses genoux, ses deux mains soutenant son front, les yeux rivés vers le sol.
Elle s'assit à sa droite, passa délicatement sa main sur sa nuque et lui glissa un doux baiser dans le cou qui murmurait : « Je suis à tes côtés, je te soutiens ».
Il lui raconta. Elle l'apaisa.

Puis il y eut le coronavirus et le confinement avec son lot d'incohérences qui n'arrangèrent rien à l'affaire.

Cela faisait quelques temps que les médias parlaient d'un nouveau virus qui venait de faire son apparition en Chine dans la ville de Huang. Mais cela paraissait si loin… à l'autre bout du monde. Comment un petit virus provenant de Chine aurait-il pu déstabiliser notre bonne vieille société ?

Au début, tout cela paraissait loin pour les français… De là à ce qu'un virus vienne se propager en France… Les médias cherchant toujours le sensationnel, évoquaient chaque jour un nombre croissant de victimes et de décès. Ils avaient rebaptisé le coronavirus, le nommant COVID-19, ce qui lui donnait un petit air futuriste apocalyptique.

L'être humain semblait avoir pris l'habitude d'entendre du sensationnel qui cherche à faire peur… Il regardait le journal télévisé, comme à son habitude, sans réelle inquiétude. Il semblait regarder un film catastrophe se croyant immunisé tel un spectateur mangeant son pop-corn, sans se rendre à l'évidence qu'il faisait partie des acteurs.

Colette avait dit à Diego : « Je ne sais pas comment Dieu interviendra… De l'extérieur, par une guerre ? Une catastrophe nucléaire ? Une météorite ? … Le Yellow Stone est gonflé à bloc ! Il est prêt à péter !... Ou bien, de l'intérieur… par un virus… qui sait… »

Et voilà qu'à présent l'Italie était touchée et que les morts se succédaient… Le virus avait fait son apparition en France… Sur la pointe des pieds.

Pour autant, l'être humain était toujours aussi idiot. Le gouvernement avait enfin tiré la sonnette d'alarme et s'évertuait à mettre en place des mesures de confinement pour éviter la contagion.

Au début, ce furent de simples consignes préconisant de se laver les mains, d'éviter les embrassades, comme s'il s'agissait d'une simple grosse grippe. Puis, les mesures furent plus strictes. Les lieux de regroupements, les cinémas, les spectacles furent supprimés. Dans toutes les entreprises, les réunions furent annulées. Puis ce furent les entreprises elles-mêmes qui fermèrent leurs portes tour à tour.

Sur toutes les chaînes de télévision, le chef de l'État s'était exprimé.

Chacun devait rester chez soi. Seuls les déplacements « jugés indispensables » étaient autorisés. Il demandait aux Français de ne sortir que pour des raisons professionnelles strictement nécessaires, pour se ravitailler, ou pratiquer une activité physique, genre footing. La police contrôlait.

C'était sans compter sur l'immaturité d'une population adolescentrique et capricieuse. Beaucoup prirent cela pour des vacances forcées.

L'État avait fait l'impasse sur la santé durant tant d'années. Il le payait cher à présent. Pénurie de masques, manque de moyens, tant humains que matériels. L'être humain, qui de toute son arrogance, toisait le monde en se prévalant d'un savoir technologique frôlant l'excellence, avait perdu le bon sens et l'essentiel des valeurs humaines. Se cachant derrière le numérique, il semblait incapable de mettre en place des structures hospitalières provisoires en urgence, que l'armée aurait jadis construites aisément avec son génie militaire.

Diego, déjà étranger au monde dans lequel il vivait, n'avait plus les mots pour décrire ce qu'il observait.

Tandis que certains étaient en proie à la panique, d'autres se regroupaient pour organiser des raves-parties niant l'existence d'un danger qui se tapissait sournoisement dans l'ombre.

Le nombre de morts augmentait en France comme dans les autres pays, montrant à leurs habitants qu'ils n'étaient pas à l'abri.

Diego avait fait le choix de se préserver, et avec lui ceux qu'il aimait. Il lui semblait avoir encore quelque chose à accomplir sur la planète terre, et mourir maintenant aurait été prématuré, voire frustrant.

Connaissant l'être humain et sa stupidité, Diego savait que cette leçon ne suffirait pas. Ce virus ne serait que le début d'une longue série. Fallait-il que cette société meure pour qu'elle se déconnise ?

Une angoisse collective se faisait de plus en plus ressentir. Les rues étaient désertes. A présent, chaque être humain pouvait dire qu'il connaissait quelqu'un touché par la maladie.

Les paroles de Colette résonnaient en Diego...

« Accepter son impuissance et se pardonner... Avoir la foi... Du plus profond de soi-même, être convaincu que l'Univers est bien fait et qu'il ordonne les choses... à sa manière... Juste avoir la foi... Etre au bon endroit au bon moment... »

Paroles de Colette extraites du Manuel de Déconnisation

A la tête du gouvernement, ordres et contre-ordres, thèses et antithèses des spécialistes, chacun y allait de sa propre théorie… la folie du monde s'exprimait sur les écrans. Pour Diego, c'était simple : on était trop nombreux sur terre. Il fallait laisser le virus faire ce qu'il avait à faire, en le laissant s'essouffler de lui-même, quelques mesures barrières en plus, certes. La main de l'homme, en créant des vaccins ne ferait qu'aggraver le problème en créant des variants et des effets secondaires en tous genres ingérables sur le long terme. Diego pensait qu'il fallait tout simplement continuer de vivre normalement en mettant le paquet budgétaire dans les structures de soin et le personnel soignant pour prendre en charge les malades.

Et tandis que le Titanic sombrait, les violonistes continuaient à jouer.
Certains passagers, ne croyant pas au naufrage réclamaient l'heure du thé, se croyaient en vacances, pendant que d'autres priaient, et d'autres encore fuyaient…
De la même manière qu'il n'y avait pas assez de canots à bord du Titanic, il n'y avait pas assez de masques pour les passagers de notre société occidentale. Et de la même manière que certains étaient prêts à voler ou tuer pour sauver leur peau lors du naufrage, des individus se ruèrent dans les magasins pour piller les victuailles, prêts à se battre et à tuer pour un paquet de pâtes. D'autres dévalisèrent les pharmacies de masques, gants, thermomètres et médicaments inutiles. Tandis que d'autres encore, cassèrent des voitures affichant le macaron infirmier dans l'espoir d'y trouver des masques à l'intérieur.
Diego imaginait déjà que dans le cas de la levée soudaine de la mesure de confinement, un ramassis d'idiots humains se retrouverait en masse, s'embrassant, se faisant des accolades, sur les Champs Élysées, faisant agir les klaxons comme un soir de coupe du monde, au risque de donner un nouvel élan de

propagation au virus.

Les médias annonçaient à présent que les hôpitaux étaient débordés et que les soignants allaient être amenés à faire des choix sur qui méritait d'être sauvé.

Et ce fut l'hécatombe autour de Célestine et Diego.

Les pompes funèbres enchaînaient à la va-vite les cérémonies dans la plus stricte intimité. Ironie du sort, les corps dans leur cercueil, défilaient sur des tapis roulants pour être incinérés, comme les boites de conserves qu'ils avaient ingurgitées durant leur vivant, à la sortie de l'usine alimentaire.

D'une certaine manière, le COVID fut l'ami de Diego. Ce curieux ami, dangereux, qui tuait par milliers, amena Diego à expérimenter la vie à deux avec Célestine lors du confinement. Se sevrant définitivement de tout ce qui pouvait le rattacher à son ancienne vie de patachon, Diego vivait son quotidien avec elle.

Il avait découvert une femme qui, de jour en jour, le surprenait par sa pertinence. Elle découvrait chez lui des travers qu'ont la plupart des hommes.
Certaines habitudes de vieux garçon amusaient Célestine. Ainsi, elle retrouvait les pantoufles de Diego parfois au milieu d'une pièce car celui-ci avait pour habitude de les enlever pour mettre ses chaussures là où il se trouvait sans les ranger. D'autres de ses défauts lui plaisaient beaucoup moins… Diego avait cette tendance à conserver, entasser, empiler, tout ce qu'il avait, qu'il s'agisse de bibelots, papiers de toutes sortes, en passant par des brochures ou des tickets de cinéma usagés…
Aimer l'autre, c'est l'accepter tel qu'il est. Et Célestine chassait progressivement d'elle l'idéal qu'elle s'était fait de Diego pour l'accepter tel qu'il était.

L'actualité du monde était désastreuse et l'actualité de la vie personnelle de Diego ne l'était pas moins. Au 21ème jour de confinement, Diego n'avait toujours pas entendu le son de la voix de sa fille. Elsa, enfermée dans la rancune et la rancœur, échappait au confinement via ses copines qu'elle retrouvait sur les réseaux sociaux.

Diego scrutait régulièrement son téléphone portable afin de voir si la petite enveloppe qui symbolise la réception d'un message s'affichait… Mais rien… Impuissant, pris par la colère, il se surprenait à fantasmer de distribuer une avalanche de claques à cette sale môme qui le narguait effrontément.

42ème jour de confinement. Tandis que la relation d'amour entre Diego et Célestine s'était construite pierre après pierre comme on bâtirait tranquillement les murs d'une maison, la relation entre Diego et sa fille s'était détériorée.
48ème jour de confinement, pas de message retour d'Elsa, 50ème jour de confinement, rien… 55ème jour… toujours rien.
Diego téléphona deux fois à Elsa, mais il tomba sur sa messagerie, et comprit qu'il ne servait à rien d'insister. Il lui envoya plusieurs messages suffisamment espacés pour ne pas paraître harcelant. C'était des messages simples, tendres, d'un père pour sa fille avec laquelle il cherchait à renouer un lien. Dans l'un d'entre eux, il lui disait qu'il était prêt à entendre ce qu'elle avait à lui reprocher, lui proposant de lui écrire sa colère si cela lui paraissait plus facile de s'exprimer ainsi. Mais tous les efforts, les textos comme les messages vocaux furent de vaines tentatives qui glissèrent sur la carapace d'orgueil et de rancune dont s'était pourvue Elsa, pour tomber dans les abîmes.

Le mal était fait. Elsa avait pris un ascendant. Se sentant pousser des ailes, « la gentille petite fille qui fait tout bien comme on lui dit » s'était transformée en un être hautain et dédaigneux. Avec mépris, de toute son arrogance, elle répondait à un message sur dix en laissant traîner sa réponse… et lorsqu'elle répondait, elle s'autorisait à employer une forme sèche et dépourvue d'affect.

Ce comportement atteignit son paroxysme, lorsque la délicate petite fille qu'il n'avait pas vue grandir intérieurement, rentra dans la vulgarité avec des « J'm'en bats les couilles » et autres termes grossiers.

Impuissant, dans l'impossibilité de lui mettre la paire de claques qu'elle méritait, il naviguait entre la colère et la peur de perdre sa fille, en passant par la tristesse. Il contint sa colère pour ne pas réagir de manière impulsive. Son petit diable intérieur lui suggéra d'assouvir ses pulsions de colère en prenant le téléphone pour incendier cette petite conne d'ado arrogante et insolente… mais il ne l'écouta pas.
Il laissa passer deux jours avant de répondre de manière posée, expliquant à Elsa qu'il entendait qu'elle puisse avoir une colère contre lui, en soulignant au passage la vulgarité de son message.
La sale gosse ne fit pas cas des efforts de Diego. Elle maintenait le cap avec arrogance vers ce qui lui semblait être la Liberté, et qui n'apparaissait que semblable à de l'insolence.

Diego était dépité. Il scrutait son téléphone portable dans l'attente d'un message… mais rien. Les jours passèrent. Pas de « Bonne fête papa »… rien !

Les toilettes étaient bouchées et Diego s'évertuait à les remettre en fonction. Diego souleva la dalle en béton pour accéder à l'évacuation des WC et au tout à l'égout. Il put libérer partiellement l'écoulement des eaux usagées en enlevant un amas de papier toilette et d'excréments avec un bâton. Mais les canalisations restaient encombrées. Il referma la dalle et s'assit sur le côté avec la sensation d'être encore imprégné d'une odeur fécale.

Lorsque soudain, un petit sourire se dessina sur ses lèvres. Il leva les yeux au ciel et remercia l'Univers pour ce message. C'est amusant comme Dieu aime parfois nous mettre les mains dans la merde pour nous amener à comprendre ce qui se passe en soi.
C'était comme si Dieu s'était adressé à lui en personne pour lui dire : « Mon pauvre Diego !... Regarde-toi... Tu t'acharnes sur l'évacuation de tes WC ! Ne comprends-tu pas ?!... Ne comprends-tu pas que tu es aussi bouché que tes canalisations ? »

Et les paroles de Colette parvinrent à son esprit : « Rappelez-vous Monsieur, on fait son intérieur (sa maison) à l'image de son intérieur... »

Diego partit se décrasser, puis il s'allongea, ferma les yeux, posa ses mains sur son ventre et plongea en lui pour comprendre.
Colette apparut comme dans un rêve, vêtue de ses habits blancs, ornée de colliers et bijoux étincelants. « Diego, ton esprit, ton corps... et ta maison par la même occasion, sont bouchés ! Tout est obstrué par ton orgueil et ta colère. Je te l'ai dit Diego, il faut te pardonner... et lâcher... lâcher avec Elsa et ton ressenti de

colère à son égard… lâcher… »
Colette disparut comme par enchantement, laissant résonner derrière elle ses mots … De simples mots que Diego reçut comme une onde d'amour.

Diego avait pardonné à son père… mais s'était-il pardonné à lui-même ?

L'empreinte qu'avait laissée en lui son père n'était que la partie visible de l'iceberg. Immergé sous la glace, il lui restait un chemin de pardon à faire qui lui apparaissait comme une immensité à parcourir.
Le « Notre Père qui êtes aux cieux » prenait tout son sens aux yeux de Diego.

Se pardonner pour les agissements d'autrefois comme pardonner à l'autre pour ses agissements du passé.

Se pardonner pour lâcher avec la rancœur… Lâcher prise…

Leçons de vie extraites du Manuel de Déconnisation

Nanette

Assise sur le clic-clac, Célestine regardait la télévision devant une infusion. La vapeur qui émanait de la tasse amenait à ses narines une douce odeur fruitée de fruits rouges qui l'apaisait. Elle fixait la télévision en se rongeant les ongles. Elle fit quelques va-et-vient furtifs du regard entre l'écran et Diego, qui, assis sur le même canapé était égoïstement dans ses pensées. Elle semblait hésiter à lui parler d'un profond tourment. Elle allait laisser échapper sa parole lorsqu'elle ravala ses mots. Ce n'était pas le bon moment. Elle enfouit secrètement en elle ce qui paraissait être un lourd fardeau à contenir, et plongea son regard dans le téléviseur, tandis que Diego ruminait ses pensées en circuit fermé. Son père, sa fille, … et dernièrement sa mère qui venait de l'agacer pour une futilité.

Pourquoi est-on si exigeant avec ceux que l'on aime le plus ?

Sans doute idéalise-t-on celles et ceux que l'on aime à tel point que l'on attend d'eux énormément en retour. Diego était parfois exaspéré par l'attitude de sa mère.

« Malgré tout le bien qu'elle a pu me faire, malgré tout l'amour qu'elle m'a donné… Je dois accepter que ma mère soit une femme, avec ses qualités, mais aussi ses faiblesses et ses défauts. Elle a ses limites, son caractère… Et si je lui accordais le droit à l'erreur ? », pensa-t-il.

Savoir dissocier l'important du futile…

Leçon de vie extraite du Manuel de Déconnisation

Il y avait un passif entre Diego et sa mère. Elle n'avait pas toujours bien réagi. Il faut dire que Diego avait été un jeune impulsif, arrogant, teigneux, qui avait mis du temps à intégrer que sa mère était aussi une femme qui avait besoin de vivre sa vie de femme indépendamment d'être une mère. Grande étape de la déconnisation, après de longues années de prises de bec avec elle, sur fond d'engueulade, il avait fini par prendre du recul. Parfois dans le rejet, souvent obstinée dans des raisonnements idiots, sa mère avait gardé quelques traces de l'agaçante ténacité de vouloir avoir le dernier mot, ce qui pouvait la rendre odieuse. Lorsqu'elle se retrouvait piégée dans une discussion dans laquelle son fils la mettait face à des attitudes blessantes qu'elle avait eues à son égard, celle-ci avait l'habitude de rétorquer par le fameux « Oui, mais toi... ». Voire, lorsqu'elle était acculée, elle se retranchait en mettant en scène une autoflagellation victimaire à travers quelques phrases du genre « C'est bon ! J'ai compris !… Je suis une mauvaise mère !... ».

Malgré tous ses défauts, Nanette restait une belle personne et Diego l'aimait comme un fils peut aimer sa mère.

Aussi avait-il besoin de tuer cet enfant exigeant et parfois boudeur qui sommeillait encore en lui. Diego savait qu'il lui fallait pardonner à sa mère tout comme il l'avait fait pour son père.

Curieusement, alors qu'elle avait toujours été là depuis qu'il était bébé, faisant son possible pour le protéger et l'aider à grandir, il lui en voulait presque plus pour ses défaillances qu'il n'en voulait à son père inconsistant. C'était l'ingratitude d'un fils pour une mère qui en avait presque trop fait et qui regagnait tout doucement la liberté de sa vie de femme. Il lui fallait couper avec sa mère ce qui restait de cordon. Cela revenait à porter sur sa propre mère un regard adulte et à l'accepter telle qu'elle était avec ses limites.

Sa mère avait fait ce qu'elle avait pu de tout son amour, et ce n'était pas si mal. Aimante et pertinente, elle avait fait de bons choix pour son fils. Au final, elle avait été une bonne maman durant son enfance et lui un jeune petit con... aussi con que pouvait être sa fille aujourd'hui avec lui... et cela n'avait pas dû être facile !
En laissant vagabonder son esprit vers une image positive de sa mère, il abaissa les paupières et comme un petit garçon qui se laisse gagner par le sommeil, il s'assoupit doucement.

Puis au 58ème jour, le déconfinement fut annoncé par le gouvernement. La vie allait reprendre son cours, balayant derrière elle toutes les belles paroles de résolution pour améliorer cette société en perdition. Les boîtes à fric de notre société de consommation avaient trouvé le moyen de se faire de l'argent en utilisant le virus comme argumentaire de vente. « Prenez place à bord de notre bateau pour une croisière magnifique avec cabine désinfectée garantie sans virus ! », « Renault présente son dernier modèle, la Zaafrane 3000, équipée d'un rayon laser anti COVID... », « Achetez le spray anti COVID, il tue le virus et vous garantit un intérieur sain ! »...

Dieu allait devoir frapper plus fort pour que de réels changements surviennent. A noter que lorsque l'être humain ne comprend pas la leçon, les coups de pied au cul que donne le bon Dieu vont crescendo... et il chausse grand !

Le temps passait et la gamine s'était refermée sur elle et boudait. Elle maintenait un silence radio malgré des messages espacés de réconciliation que son père lui envoyait de temps à autre. Elle voulait lui faire payer quelque chose sans trop qu'elle sache elle-même quoi.

Diego naviguait entre tristesse, déception et colère. Sa fille semblait s'être refermée dans sa coquille pour une période indéterminée de plusieurs mois, voire plusieurs années... Peut-être ne reviendrait-elle que dans six, huit, dix ans, ou plus, avec à son bras un homme et pourquoi pas aussi un bébé, qu'elle présenterait à son père. Il avait peur de la perdre, de passer à côté d'une tranche de vie durant laquelle il aurait pu partager tant de choses avec elle. Chagriné de voir se meurtrir la relation de complicité qu'il aurait tant aimé avoir avec sa fille, il devait se rendre à l'évidence. « Ma fille a beau être ma fille, je dois accepter de la voir telle qu'elle est... une petite conne insolente qui se sent pousser des ailes du haut de ses seize ans », pensa-t-il.

Apprendre à voir les gens tels qu'ils sont, en dépit du lien de parenté, d'un idéal que l'on aimerait atteindre.

Leçon de vie extraite du Manuel de Déconnisation

« Ne pas chercher à faire de l'autre ce que j'aimerais qu'il soit. Accepter l'autre tel qu'il est, avec ses côtés noirs... Je dois accepter ma fille telle qu'elle est. Et si elle n'aime pas faire du ski, si elle n'aime pas faire des randos, si elle n'aime pas parler philosophie de la vie, et que mon grand regret est de ne pas pouvoir partager tout cela avec elle... je dois tout simplement m'y résigner », pensa Diego.

« Dieu mettra peut-être sur mon chemin quelqu'un avec qui je pourrai partager cela... Après tout, je me suis trouvé une mère spirituelle, Colette, et des pères spirituels... peut-être rencontrerai-je un fils ou une fille spirituelle qui aimera mon enseignement, partager mon savoir et toutes ces choses que j'aurais tant voulu partager avec ma fille de sang… Il me faut faire le deuil de tout ce que j'aurais aimé vivre avec ma fille pour ne pas avoir de regret devant le constat amer de la pauvreté de notre relation ».

Célestine s'était assoupie devant la télé sur le clic-clac. Devant un reportage consacré aux Frères Lumière, l'image d'un vieux projecteur de pellicule cinématographique avait inspiré Diego qui griffonna au crayon à papier la silhouette d'un être humain. Dans le crâne de celui-ci, il avait esquissé un projecteur vidéo à la place du cerveau. Le personnage dessiné projetait par un rayon de lumière sortant de ses yeux, le visage imprimé dans la bobine de celui qui était sans doute son père, sur des supports humains inexpressifs s'apparentant à des mannequins.

Il voulait traduire par le crayon ce que les mots peinent à exprimer. Dans notre histoire personnelle, nous enregistrons des images, et parmi elles, celles des gens qui nous entourent comme l'image du papa et de la maman dans un schéma parental classique. Pour signifier cela, Diego avait esquissé une pellicule cinématographique dans les tripes de son personnage. Et sur cette pellicule, était imprimé le visage sévère d'un père, moustachu, aux sourcils froncés.

Nous gardons au plus profond de nous-même ces images comme celles du papa, intériorisé, idéalisé, déifié ou parfois même diabolisé. Et nous nous construisons en nous référant à ces modèles dont nous avons conservé l'image. Dans notre quotidien, lorsque nous croisons un patron ou un autre type à l'attitude autoritaire faisant écho avec l'image du papa que nous avons intériorisée, nous nous surprenons, dans un mouvement régressif, à redevenir le petit garçon ou la petite fille face à lui. C'est bien cela le transfert !

*Réflexion psychologique – Le transfert - extrait du Manuel de Déconnisation

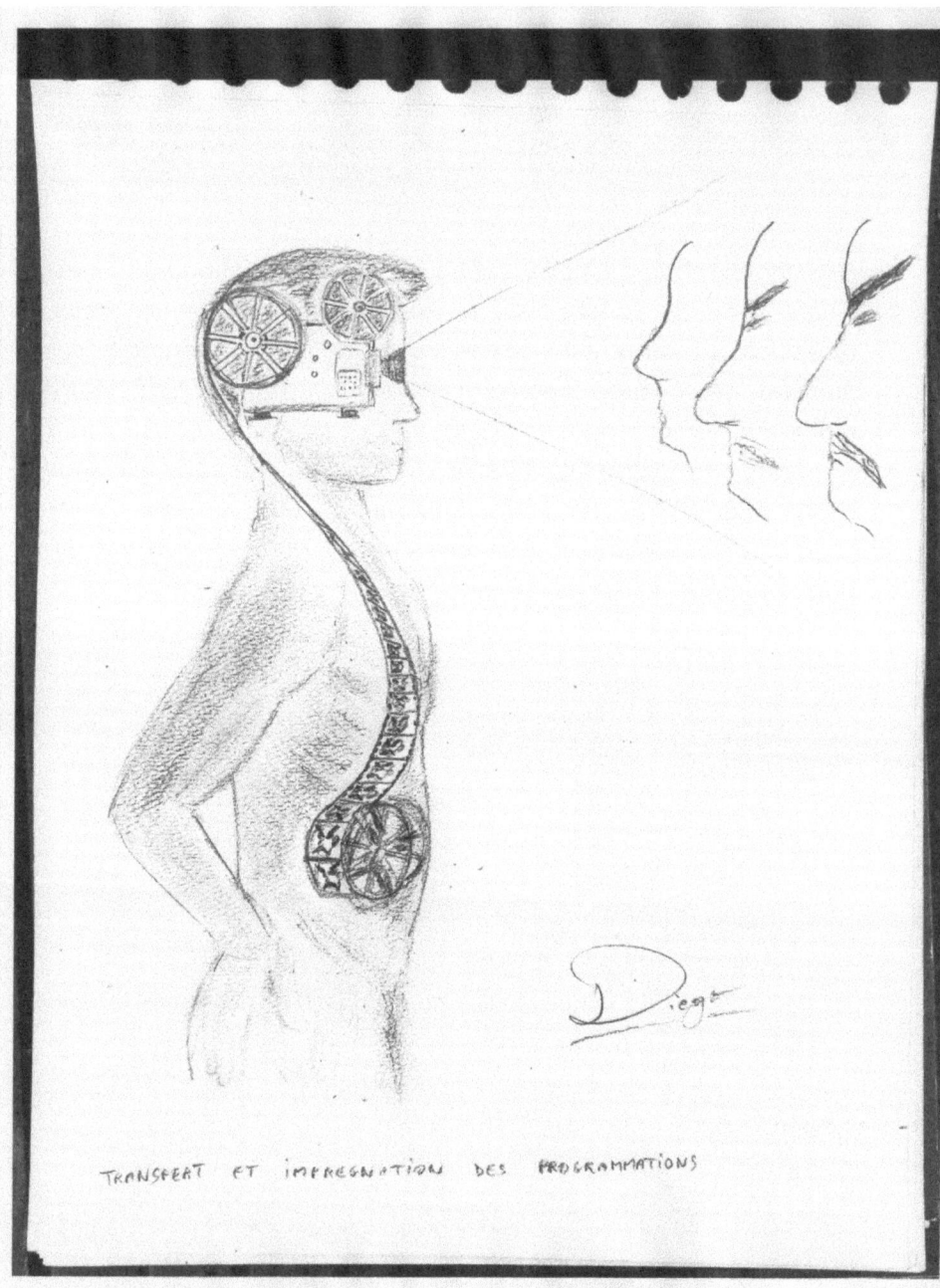

TRANSFERT ET IMPREGNATION DES PROGRAMMATIONS

154

Diego avait compris ce mécanisme bien connu en psychologie.
Mais en poursuivant son dessin, il se surprit à arborer les contours du visage autoritaire du père sur la bobine du film elle-même, comme si la pellicule avait bavé et s'était imprimée sur son support, imprégnant l'individu de cette image au plus profond de lui-même.

Diego pensa : « Non seulement j'ai transféré sur des personnes se trouvant dans mon paysage l'image de mon père... Non seulement, il m'a fallu me battre pour me séparer de cette image de lui que j'ai déifiée, mise au même rang que le Père... Dieu de Père, et diabolisée par la même occasion. Non seulement, il m'a fallu sortir de ces confusions que je portais en moi pour me déconniser : mon père n'était pas Dieu le Père, ce n'était pas le diable non plus, c'était juste un être humain, avec ses qualités, ses défauts,... beaucoup de défauts... et ses limites... Mais à présent, je fais l'amer constat d'être parfois à l'image de mon père, reproduisant malgré moi le même schéma, les mêmes situations... rejeté par ma fille comme il a pu l'être par moi... Peut-être ai-je au fond de moi cette trace qu'il a laissée qui fait de moi quelqu'un de repoussant aux yeux de ma fille ?... »

« Non !!! Je ne suis pas mon père ! », pensa Diego, triste à l'idée d'être ce monstre, en jetant sur la table basse papier et crayon.

Célestine sursauta en voyant l'attitude de Diego, démuni, dans ses pensées obsédantes. Elle s'approcha en glissant sa main autour de son cou.
Comme si elle avait lu dans ses pensées, elle déposa un baiser près de son oreille et murmura : « Non, tu n'es pas ton père... »

En psychologie, dans l'approche systémique, on considère que tous les individus d'un groupe sont en interaction les uns avec les autres, et qu'il suffit d'une perturbation sur l'un des membres du groupe pour que la dynamique du groupe change dans son ensemble.

On considère aussi qu'un groupe, une famille, est à la recherche d'un équilibre de fonctionnement que l'on appelle homéostasie. Lorsque cet équilibre est rompu, le groupe recherche une stabilité dans une nouvelle homéostasie.

*Explication psychologique – L'approche systémique - extrait du Manuel de Déconnisation

Le confinement avait cassé l'équilibre de vie que de nombreux êtres humains s'étaient construits. Beaucoup pratiquaient un loisir ou allaient boire un verre avec des amis à la terrasse d'un café, pour certains avec le désir de fuir ainsi leur couple, à moins que ce ne fut le souhait de se fuir eux-mêmes.

Diego n'avait pas échappé à cette règle systémique. Dans sa vie d'avant, il aimait le sport, faisait son footing, allait prendre des cours de danses latines, de théâtre d'impro... Il avait une vie sociale. Tout cela, c'était sa vie d'avant. Une vie dans laquelle il avait compensé un manque intérieur par des relations sentimentales superficielles, du paraître avec d'autres comme lui qui semblaient eux-aussi chercher à combler quelque chose. Dans cette vie d'avant, il se sentait bien car il avait trouvé une liberté d'être grâce à son ouverture au Monde. Mais il portait en lui quelque chose de lourd, de triste, qu'il étouffait et cherchait à fuir.

Mourir pour se déconniser... Mourir pour renaître. Il semble que c'est là le principe même de la vie.

Sorti du confinement, Diego respira l'air pur et savoura le silence qui s'était installé depuis quelques temps, et que l'être humain menaçait à nouveau de faire disparaître.
Les cours de bachata avait repris, mais le monde de la superficialité du dancing ne l'intéressait plus.
Il se sentait léger. Il avait juste envie de partager la danse, la musique avec celle qu'il aimait. Et s'il lui prenait l'envie de plaire, comme un trait qui fait partie de sa personne, il n'avait plus l'envie de conquérir.

Assis derrière son écran d'ordinateur, les deux pieds posés en croix sur son bureau, Diego raccrocha le téléphone l'air dépité, laissant sortir un long soupir exaspéré.

Il venait d'avoir la clerc de notaire au téléphone. Le règlement de la succession de son père s'avérait plus compliqué qu'il ne l'avait imaginé. Son père n'avait pris aucune disposition. Diego songeait à renoncer à tout héritage, ce qui lui paraissait injuste. Il se sentait dans une impasse juridique dont la seule issue semblait être le renoncement.

Il avait l'impression d'être coincé entre deux courants énergétiques. Il était le jambon de ce sandwich énergétique recouvert au-dessus par la tranche de pain de la succession, et au-dessous, par une tranche de pain dur constituée de ce que lui faisait vivre sa fille.

C'était comme un message de l'au-delà provenant de son père qui aurait pu se traduire en ces mots : « Tout n'est pas réglé, il faut que tu comprennes. Comprends ma souffrance, peu importe ce que j'ai fait et comment j'ai agi, peu importe si tu trouves cela injuste. Comprends à quel point le châtiment que j'ai subi est dur. Comprends ce que j'ai subi, ce que j'ai traversé. Comprends comme c'est terrible d'avoir un enfant qui tourne le dos à son parent, et comprends que j'ai assez payé. »

Diego se remémorait les enseignements de Colette. On est déçu que lorsqu'on attend quelque chose qui ne vient pas. Et les paroles de Colette résonnaient : « Il faut lâcher monsieur... Lâcher... »

Diego s'était résigné. Elsa et sa mère, toutes deux enfermées dans une terrible alliance empreinte de colère et de rancune à son égard, n'étaient pas prêtes à lui redonner sa place de père. Déchu de son rôle paternel, il ne lui restait plus que le site internet du lycée et quelques contacts épars avec la professeure principale de sa fille, pour observer le déclin scolaire de celle-ci. Des notes qui frôlaient zéro, des exclusions de cours, des avertissements, se succédaient.

Son rôle de père s'était restreint à celui de porte-monnaie. C'est ce que lui confirma son téléphone portable, lorsqu'il vibra pour lui rapporter un message de la mère de sa fille.

« Bonjour Diego, étant donné que tu ne vois plus Elsa, cela engendre un surcoût. Je te demande donc d'augmenter la pension que tu verses en conséquence. Merci »

Il lui envoya un chèque avec l'espoir que la situation ne serait que temporaire et que les relations entre sa fille et lui s'amélioreraient. Mais les messages de Jocelyne, qu'ils fussent par mails ou par SMS, se succédaient, réclamant encore et toujours plus d'argent. Pas de nouvelles d'Elsa, juste des présentations de factures à payer, sur fond de reproches.

« Le rôle de père ne se restreindrait-il donc qu'à être un porte-monnaie ?... une carte de crédit ? », pensait-il.

Diego fit appel au Juge des Affaires Familiales pour régulariser une pension dont le montant exigé par son ex semblait s'alourdir indéfiniment, et pour restaurer les relations avec sa fille par le biais d'une médiation. Mais c'était sans compter sur l'alliance sacrée mère-fille qui s'était formée.

Diego avait rendez-vous avec Madame Fané, une médiatrice travaillant à la F.R.I.M.E., Fédération Régionale Information Médiation Éducation.

Il sortit de la salle de bain et s'arrêta machinalement un instant devant la télévision avant de l'éteindre…

« Qu'est-ce que c'est que ça ?... »

« … Une fois sorti de l'oothèque (cocon), le premier repas d'une mante religieuse peut-être son propre frère… Lorsque l'on place la mante religieuse dans une chaîne alimentaire, on a du mal à lui trouver un prédateur sérieux tant l'insecte est imposant et vorace… »

Un documentaire présentait un regroupement de plusieurs insectes aux yeux énormes et munis de grosses pinces sortis de l'oothèque…

« Un reportage sur les mantes religieuses !... Oh non !!... Encore !... Ne me dites pas que ces saloperies de bestioles sont de retour ! »

Il éteignit le poste de télévision, jeta la commande de la télé sur le clic-clac et partit.

Il était quelque peu stressé car Jocelyne devait se joindre à l'entretien, mais il mit de côté son stress en se rappelant qu'il faisait cette démarche avant tout pour recoudre ce qui avait été déchiré entre sa fille et lui.

Longiligne, vêtue d'habits noirs amples, des colliers et bracelets de pacotille pour orner le tout, des cheveux châtain clair rassemblés par une grosse pince en plastique noir, de grandes lunettes rondes, Madame Fané, la cinquantaine, était une de ces féministes convaincues d'être investie d'une mission. Elle avait des archétypes et des principes qui venaient se substituer à la pertinence d'une analyse. Abandonnée par son père, puis déçue par un homme dont elle avait été éperdument amoureuse celui-ci l'ayant trompée avec sa meilleure amie, sa vision de la gent masculine était plus que noire. Les hommes étaient fondamentalement mauvais et les femmes tout naturellement de pauvres victimes à défendre. Prise par ses propres émotions, elle ne cherchait pas à comprendre la dynamique en jeu, et prenait parti.

« Triste » était un adjectif bien petit pour définir ce que ressentait Diego. Sa fille ne répondait plus à ses messages. Injustice, impuissance, peur, colère, et bien sûr grand chagrin, tout y était. On pouvait ajouter l'incompréhension d'un tel comportement. Lui qui avait tant donné pour sa fille, comment pouvait-elle lui fermer la porte au nez pour un simple « recadrage » d'autorité ?
Aurait-il dû se laisser piétiner par sa fille bardée d'insolence ?
Il avait conscience de ses défauts, il connaissait son tempérament autoritaire et impulsif. Mais cela ne justifiait en rien, qu'elle lui tourne le dos et le rejette à ce point. Il restait son père et il aimait sa fille.

Les enfants sont parfois l'enjeu des discordes des couples et à travers eux certains parents s'en saisissent parfois pour donner les coups les plus bas. La rancune de la mère de sa fille était un puits sans fond, ce qui inquiétait Diego, car cette rancune semblait corrélée à celle d'Elsa. C'était là une équation étrange : plus Elsa faisait souffrir son père par les coups de hache qu'elle mettait dans leur relation, plus l'excitation revancharde de Jocelyne, animée par un idéal brisé s'amplifiait.

Précédemment, Madame Fané avait reçu Elsa en entretien individuel, puis sa mère. Mère et fille formaient une alliance fusionnelle dans laquelle chacune trouvait un intérêt à éliminer le père.
Pour Jocelyne, il était sa plus grande déception. Elle n'avait jamais refait sa vie tant elle s'était accrochée à l'idéal d'une famille avec lui. Pour Elsa, il représentait celui qui entravait sa liberté, l'homme à abattre en quelque sorte.

Diego avait, depuis toujours, été celui qui fixe les limites, le gendarme qui rappelle les devoirs. En le mettant sur la touche, Elsa s'octroyait la possibilité de faire ce qu'elle voulait. Depuis la rupture du lien, ses résultats scolaires avaient chuté. Des zéros de moyenne en math et des notes frôlant les 3 ou 4 sur 20 dans les autres matières, Elsa semblait avoir tout lâché par ce vent de liberté nouveau. Elle passait les week-ends et la plupart de son temps libre avec ses copines, le lycée étant devenu bien secondaire pour elle. Elle avait rayé son père de la carte de sa vie, et cela avec le soutien de sa mère. Alors, tout était possible ! Ce n'était pas un petit prof avec la menace des heures de colle qui allait lui faire peur. Se sentant toute puissante, elle répondait aux enseignants avec un manque de respect dont elle aurait dû avoir honte, mais cette attitude lui permettait de se donner une image de rebelle auprès des autres jeunes. Ses fréquentations avaient changé. A présent, les personnes dont elle s'entourait étaient des jeunes perdus, dont le comportement et la tenue laissaient entendre qu'ils étaient en marge de la société. Diego, impuissant, suivait la scolarité de sa fille à distance, sur internet, et voyait ses avertissements et exclusions de cours se succéder.

Lors de la médiation, Diego se retrouva surpris par l'attitude de Madame Fané. Tournée vers lui, sur un ton accusateur, elle le fixait du regard, le soupçonnant d'être un père maltraitant. Dès les premiers échanges, elle reprit les propos de Diego.

« - Alors Monsieur Delavaga, vous m'avez confié des choses qui ne concordent pas du tout avec les dires de madame… »

De quoi pouvait-il bien s'agir ?... Diego avait été vrai…

« - Alors vous dites que vous vous êtes occupé de votre fille régulièrement depuis votre séparation, c'est-à-dire depuis les cinq ans d'Elsa…
- Oui, c'est cela », acquiesça Diego.
« - Eh bien ce n'est pas ce que m'a déclaré madame ! », lui dit la médiatrice en le foudroyant du regard.

Elle se tourna l'air complice vers Jocelyne qui en haussant les sourcils soupira.
« - Non, en effet, il ne s'est jamais occupé d'elle ».

« Comment peut-elle dire cela ??? », pensait Diego…

« - Vous m'avez dit que vous passiez régulièrement chez madame après votre travail pour prendre du temps avec votre fille,
- Oui, c'est bien cela… j'habitais un petit appartement à l'époque et après avoir fini mon travail sur Lyon, je faisais une escale chez la maman de ma fille pour lui lire une histoire avant

qu'elle ne se couche... »

La médiatrice lança un soupir de dénigrement face aux propos tenus par Diego, puis se tourna vers Jocelyne, avec un petit sourire de complaisance.
« - Ce n'est pas ce que vous m'avez raconté madame, n'est-ce pas ?
- Pff... Non, il n'a jamais fait ça. »

Madame Fané revint vers Diego, fronçant les sourcils. Ce qui devait être une médiation pour restaurer des liens père-fille se transformait en un procès joué d'avance à l'encontre de Diego. Il n'était plus question de savoir comment améliorer la situation, mais de soutenir de manière partiale, la mère de sa fille, en prenant pour vraie sa parole, et en démolissant celui qu'elle avait pris soin de noircir.

« Ce n'est pas possible, elles se connaissent ! », pensait Diego. Elsa et sa mère s'étaient mises d'accord sur la version à tenir devant la médiatrice, mais c'était à se demander si toutes trois n'avaient pas comploté contre Diego.

Les échanges se poursuivirent sur la même tonalité, Diego se sentant traqué par deux femmes qui voulaient sa peau. Ses pensées ne résidaient plus dans la restauration d'un lien quel qu'il soit, mais dans la simple volonté de ne pas craquer, ni de larmes, et encore moins de colère.

« Étouffe ta colère, contiens-toi », telles furent les pensées de Diego pour ne pas s'emporter devant des propos aberrants, des mensonges et l'accusation insidieuse qu'il était un mauvais père. « Surtout, ne pas donner raison à ces connes... ».

Cet entretien qui semblait uniquement répondre à la soif de vengeance de Jocelyne fut éprouvant pour ce père qui se demandait ce qu'il faisait là.

Madame Fané lui assena le coup de grâce lorsqu'elle se tourna vers lui, accusatrice en le pointant du doigt.
« - J'ai reçu votre fille en entretien seule à seule, et c'est très clair monsieur Delavaga, vous êtes toxique pour elle ! Elle m'a confié un épisode et m'a dit qu'elle s'était fait agresser sexuellement devant vous et que vous n'avez pas réagi !
- Comment ?! De quoi vous me parlez ??!
- Oui monsieur Delavaga, votre fille s'est fait agresser devant vous dans les transports en commun et vous n'avez rien fait ! Vous ne l'avez pas défendue ! Voilà pourquoi elle ne veut plus vous voir !
- Oui et elle est encore sous le choc, il a fallu que je l'emmène voir un psychologue, ajouta Jocelyne prenant un air dépité.
- Mais ce n'est pas possible ! De quoi parlez-vous ??
- Ah oui !... Vous ne vous souvenez pas ? »

Diego, pris au dépourvu par de graves accusations, restait stupéfait. Non seulement, elles avaient dressé un portrait de lui très noir, insinuant qu'il était absent, maltraitant et violent, mais à présent, elles l'accusaient de ne pas être un père protecteur pour sa fille se faisant agresser sexuellement devant lui.
Soudain, il se souvint d'un épisode durant lequel il avait pris le métro avec sa fille et une de ses copines. Les deux filles s'étaient mises à l'autre bout du wagon, car être à côté de son père, « ça fout la honte » à cet âge ingrat où tout repose sur l'apparence. Au moment de descendre, il y avait eu un mouvement de foule, et le cri d'Elsa. Diego lui avait demandé ce qu'elle avait tandis que la foule se dispersait. A la surprise de sa copine et de son père, elle expliquait qu'un type lui avait mis

furtivement la main aux fesses avant de se fondre dans la masse. Il arrive qu'on se raconte des histoires sur son histoire... En manque d'arguments, c'était donc en s'appuyant sur cet événement amplifié et déformé selon sa volonté, qu'Elsa avait justifié son comportement et la rupture du lien père-fille depuis à présent neuf mois...

La pseudo-médiation prit fin, les deux femmes échangeant des simagrées de sourires, ignorant Diego du regard tandis qu'il enfilait son blouson.

Le trajet en voiture jusqu'au BAM

Énervé, la tête qui tourne, Diego regagna sa voiture qu'il avait garée à deux pas de la F.R.I.M.E., ce centre maudit qui aurait pu s'entendre comme étant la Fucking Réunion Injuste Merdique Écœurante !
Il marqua un temps d'arrêt. Sur la poignée de la porte de son véhicule se tenait une mante religieuse. Immobile, l'insecte semblait avoir attendu patiemment son retour. Il saisit un papier qu'il avait mis dans la poche arrière de son jean, balaya l'animal d'un geste énergique, ouvrit la portière, s'assit, claqua la porte et démarra en trombe, agacé.

Tandis que la route défilait, Diego se refaisait le scénario de la rencontre, ou plutôt du procès durant lequel il avait été accablé. Il revoyait le visage accusateur de Madame Fané, ses sourcils froncés, son regard haineux, et les paroles qu'elle lui avait adressées résonnaient encore. « Vous êtes TOXIQUE »…
« Voilà pourquoi elle ne veut plus vous voir ! »…
Un homme pressé qu'il n'avait pas vu dans son rétroviseur déboîta et le dépassa en klaxonnant ce qui ne fit qu'amplifier son état de nervosité.

Le paysage défilait à toute vitesse. Diego avait les nerfs. La mère de sa fille avait saboté sa tentative de renouement avec sa fille. Elle l'avait noirci, sali, auprès d'une soi-disant médiatrice qui avait des préjugés anti-mecs !
L'image de Joyce, les yeux revanchards respirant la victoire grâce à cette alliance providentielle pour elle, s'imposait.
Il avait ressenti l'injustice et l'impuissance… Il avait la rage !

Le sang chaud d'Andalousie qui coulait dans ses veines bouillonnait. « Quelle conne ! », grommelait-il au fond de lui. Le panneau de la route départementale indiquait 70 Km/H, mais il bouillonnait de colère et son pied se crispait sur l'accélérateur.

90… 100… 112 Km/H…

Il n'avait que faire du compteur ! La vitesse était comme une soupape qui laissait s'échapper un trop plein d'agacement.

Il repensait au moment débordant d'injustice qu'il venait de vivre. Elle l'avait heurté le faisant passer pour un père violent, lâche, absent… Tout y était ! Il avait pris sur lui pour ne pas exploser face aux mensonges et immondices déversés par les deux vipères. Il avait fantasmé de choper cette Madame Fané pour la réduire en miettes en la faisant passer par les pires supplices. Quant à Jocelyne, s'il avait pu la découper en rondelles avant de jeter les restes de son corps en lambeaux aux piranhas…

Il s'était contenu face aux crachats de venin, sans quoi la situation se serait retournée contre lui plus injustement encore : « Regardez dans quel état il se met ! Voyez comme il est violent ! Pas étonnant que sa fille ne veuille pas le voir !! Tu es colérique, tu ne sais pas te contrôler !... »

Jocelyne le connaissait, et elle connaissait très bien la recette pour le faire flamber :

1er / Faire éprouver à Diego son impuissance

2ème / Le faire mijoter en le piquant des mots que l'on sait blessants

3ème / L'assaisonner régulièrement en le laissant revenir progressivement jusqu'à ce qu'il soit à ébullition

4ème / Enfin, lorsque Diego est au plus chaud, d'une couleur rouge vif, saupoudrer le tout d'une injustice bien salée en le faisant passer pour un monstre violent.

Pour rien au monde il n'avait voulu lui donner la satisfaction de craquer… mais là, au volant de sa Peugeot 208, le trop plein qu'il avait tenté de garder en lui ne demandait qu'à sortir.

Diego conduisait, énervé, coupant les virages de la route départementale qui le menait chez lui. Il connaissait par cœur cette route sinueuse qui passait à travers bois et champs. Il avait mis le pilote automatique, sa conduite était machinale, et ses pensées laissaient paraître l'image de la mère de sa fille, un petit rictus en coin, petit sourire mesquin qui traduisait à lui seul la pensée jouissive de voir Diego au bord du gouffre.

« Putain quelle conne ! », se répétait-il en boucle.

La mère de sa fille... le problème était bien en deçà ! Elsa… Le changement avait été tellement brutal ! Il n'avait rien vu venir à cette métamorphose qui avait été intérieure.

L'image du visage de sa fille, sourcils froncés, qui cherchait à lui tenir tête, revenait à son esprit. Il repensait à ce moment lors duquel il avait rangé sa voiture sur le côté pour recadrer sa fille sur un comportement irrespectueux qu'elle avait eu avec lui. C'était la première fois que cela se produisait, et la jeune effrontée n'avait pas voulu baisser la garde, avant de s'effondrer en pleurs dans la voiture.

Et tandis que les virages se succédaient, les soucis s'enchaînaient… La paperasse. Les impôts lui réclamaient près de 6000 euros… Un petit rappel. Il n'avait toujours pas fait le nécessaire auprès de la banque. Toute cette paperasse lui paraissait insurmontable. Et puis, il y avait les factures d'eau et d'électricité à régler… et les attestations qu'il devait rédiger pour des patients ! Mince, il avait zappé ça aussi !

Diego aimait son travail. Pourtant ces derniers temps, la fatigue et une sorte de routine l'avaient emporté sur son enthousiasme. Il lui semblait prendre moins de plaisir à rencontrer ses patients. La pensée « ne serais-je pas fait pour exercer une autre profession ? » lui était même venue à l'esprit.

Ce qui subsistait, ce qui l'avait malgré tout toujours tenu en haleine, avec l'envie de poursuivre son métier était sa soif de connaissances. Diego avait un besoin de connaître de façon intarissable.
Il voulait savoir, savoir ce qui se cachait derrière L'Être Humain, derrière la Vie... Qu'appelle-t-on Dieu ?
Ses patients l'aidaient à progresser encore et encore plus dans ce voyage en introspection. Chaque patient était unique et lui permettait à son insu de comprendre. Car la problématique de chacun d'entre eux faisait écho avec sa problématique personnelle, lui faisant voir à la loupe une souffrance, une caractéristique, un vécu, un problème qu'il portait en lui. Et chaque patient lui permettait d'assouvir un petit peu plus à chaque fois son besoin de comprendre.

Mais là, sur cette route sinueuse, c'était la colère qui l'emportait !
La colère le dévorait, et lui, dévorait les virages un à un.

Et puis il y avait celle qui se prenait pour sa cheffe, cette connasse de Léa Brillego...
Diego porta l'auriculaire de sa main droite jusqu'à sa bouche et mordilla la chair qui entourait son ongle en pensant : « Elle porte bien son nom celle-là ! ... ».

Un visage aux traits fins et avec de grands yeux bleus parvint à Diego qui décéléra. L'image du visage de Célestine avait un effet apaisant sur Diego qui vit son rythme cardiaque ralentir quelque peu.

Mais les visages de Mme Fané et de Léa Brillego s'imposèrent. Diego arracha avec ses dents un morceau de peau de son annulaire et accéléra.

L'attitude hautaine de Léa Brillego … Le sourire en coin de la mère de sa fille… Le regard accusateur de Madame Fané… Les sourcils froncés d'Elsa lui tenant tête… 108 Km/H…

Au milieu de tous ces visages féminins, apparaissait l'image d'une mante religieuse, se tenant droite, le fixant de son regard noir à facettes, pinces en avant.

L'attitude hautaine de Léa Brillego … Le sourire en coin de la mère de sa fille… Le regard accusateur de Madame Fané… Les sourcils froncés d'Elsa lui tenant tête… La mante religieuse… 112 Km/H…

La peur, quelle émotion de merde ! Il en était plein. Ses patients-thérapeutes lui avaient appris d'où elle venait. Diego avait vécu dans la peur durant toute son enfance et son adolescence. Un père tyrannique et violent devant lequel sa mère, sa sœur et lui avaient dû se taire au quotidien pour laisser parler la télévision sous peine de se prendre une avalanche de coups, avait formaté le psychique de Diego.
Traumatisé, Diego s'était à plusieurs reprises retrouvé paralysé par la peur face à des hommes agressifs. Il avait pourtant essayé des sports de combat de toutes sortes, excellant dans certains

d'entre eux. Mais le tatami, ce n'est pas la violence de la rue…

Le souvenir d'un automobiliste dont il avait subi passivement les foudres rejaillit. Pour une broutille, un homme était sorti de son véhicule en vociférant. Il s'était approché de lui à quelques centimètres de lui. Une envie de meurtre dans le regard, l'homme l'avait insulté, lui postillonnant à la figure. Il l'avait empoigné par le col dressant un poing menaçant de le frapper.
Diego aurait facilement pu le projeter au sol et l'immobiliser s'ils s'étaient tous deux trouvés à combattre sur un tatami. Mais là, Diego était resté figé. Autant dans le regard de son agresseur, on pouvait lire le meurtre, autant dans le regard de Diego, on pouvait voir la frayeur. Diego était terrorisé, son corps tout entier sous l'emprise d'une angoisse de mort.

Et le visage d'un homme au regard noir, les sourcils froncés, réapparaissait, lui faisant éprouver un terrible ressenti d'impuissance.

L'attitude hautaine de Léa Brillego … L'homme au regard de mort... Le sourire en coin de la mère de sa fille… La mante religieuse… Le regard accusateur de Madame Fané… Les sourcils froncés d'Elsa lui tenant tête… 116 Km/H… Le sourire en coin de la mère de sa fille… « Putain quelle conne ! »… Les sourcils froncés d'Elsa lui tenant tête…

Lorsqu'une voiture blanche surgit face à lui dans le virage !

« Oh Putain !!! »

Il donna un coup de volant sur la droite.

BAM !!!

« Corps et âme de l'accidenté » - *Fabrice Serolf – 25/01/2024*

CHAPITRE II

L'EXPÉRIENCE DE L'AU-DELÀ

[…] « Note ce qu'il faudrait qu'il advînt de mon corps
Lorsque mon âme et lui ne seront plus d'accord
Que sur un seul point, la rupture »

Extrait de Supplique pour être enterré à la plage de Sète – Georges Brassens

---

L'état de décorporation

« Aaaaaaaaaaaahhhhhhhhhhhhhhhhhhh……….. Je glisse !! »

Diego eut cette sensation forte du cœur qui se soulève comme lorsque l'on dévale la pente du grand huit d'une fête foraine.

« Mais qu'est-ce qui m'arrive ??!… Je flotte ! »

Diego flottait une douzaine de mètres au-dessus du sol. Il observait la scène d'en haut. La Peugeot 208 grise était dans le fossé, l'avant du véhicule enfoncé. Quelques mètres plus loin, sur le bas-côté, un attroupement, des voitures à l'arrêt… Un homme, faisait la circulation pour dévier les véhicules qui arrivaient sur la route. Les gyrophares des camions de pompier et du véhicule du SAMU clignotaient. Une femme et deux hommes en tenue blanche s'affairaient pour réanimer un homme à terre.

Le jean de l'homme était tâché de sang…

Mais ce sont mes baskets !… C'est moi !! », s'écria Diego.

Zoom sur le visage de l'homme. « C'est moi !!!… Mais qu'est-ce qui m'arrive ??! »

Diego se rendit compte alors que sa vision des choses n'était pas habituelle. Ce n'était pas normal ! Ce n'était pas normal d'être à la fois à terre, et dans le même temps hors de son corps… Il était de l'air. Il n'était pas même un nuage car même un nuage a une forme. Juste du vide… un vide omniprésent rempli d'amour. Pas de peur, juste une sensation d'étrangeté qui lui laissait entendre que ce qu'il vivait n'était pas « normal ».

Quelque chose d'étrange s'était produite en lui et autour de lui. Il ne percevait pas seulement les infirmiers en tenue blanche qui s'activaient autour d'un corps ; il percevait une aura lumineuse qui enrobait chacun d'entre eux. Et il en était de même pour l'homme qui faisait la circulation et chacune des autres personnes présentes. Plus encore, les arbres, les deux oiseaux posés sur la branche d'un sapin, un peu plus loin, et même les minéraux, le rocher ancré en bas du même sapin, les véhicules à l'arrêt,… de tous émanait une couche de lumière, plus ou moins épaisse, plus ou moins intense.

Ce n'était pas une simple enveloppe qui entourait la matière, elle était l'énergie, qui en profondeur, imprégnait chaque organe, chaque partie d'un corps, et ce corps tout entier, pour émaner sous forme d'une lumière indéfinissable et enveloppante.

Une énergie lumineuse enveloppait son propre corps, mais à la différence des autres personnes qui s'affairaient autour de lui, son enveloppe énergétique se poursuivait en un lien qui rejoignait son âme, comme la colonne d'une tornade vient rejoindre le nuage qui la surplombe, maintenant unis la terre et le ciel.

L'image d'Elsa alors qu'elle avait une dizaine d'années lui parvint comme un flash.

Assise à côté de lui, dans le Peugeot Partner, elle paraissait rêveuse. Elle regardait le paysage défiler, lorsqu'elle rompit le silence.

« - Tu sais papa, je me pose des questions…
- Et tu te poses des questions sur quoi ?
- Je pense à la mort… Je me demande ce qu'il y a après la mort…
- Je t'ai déjà expliqué que chacun a sa croyance et sa vérité sur ce sujet. Je ne peux que te donner mon point de vue. Je n'ai pas la prétention d'avoir plus raison que quiconque… Et toi, qu'est-ce que tu en penses ?
- Tu m'as dit que quand quelqu'un meurt, tu penses que son âme quitte son corps… Je me dis que ça doit être comme ça et que sans le savoir nous passons dans des lieux où il y a plein d'âmes qui flottent… Mais je me demande… Quand on meurt, est-ce que notre âme quitte notre corps pour se promener dans des

lieux, où est-ce que c'est comme si on faisait un rêve qui ne s'arrête jamais ?... »

« Et là, suis-je en train de rêver ?? », pensa Diego.

Elsa, dans sa réflexion de fillette, avait peut-être raison.

« C'est donc ça mourir ? … Un rêve qui ne s'arrête jamais et qui se confond avec ce que les humains appellent ''le réel''... »

Les tornades maintiennent un lien entre la terre et le ciel jusqu'à ce qu'elles cessent de toucher le sol. Elles rejoignent alors le cumulo-nimbus situé au-dessus d'elles, se dissipant ainsi dans l'air.
Diego saisissait qu'il était dans un espace d'entre deux. Il comprenait qu'il n'était pas encore tout à fait mort, et qu'il ne le serait pas tant qu'il maintiendrait le lien énergétique qui l'unissait encore à la source d'énergie qui enveloppait son corps, allongé sur le sol entre les mains des urgentistes.

Et au final,… cet espace était plutôt agréable !

Diego se rendit à l'évidence qu'il pouvait aller au-delà des apparences.

L'homme qui faisait la circulation était trapu, quelque peu bedonnant. Vêtu d'un jean bleu et d'un tee-shirt kaki, il effectuait des gestes avec ses bras pour faire ralentir les automobilistes qui arrivaient.

Une épaisse couche lumineuse irradiait sa silhouette. Diego pouvait lire en lui au-delà de son physique et de l'aura qui l'enveloppait. Là où la plupart des gens n'auraient perçu que la bonté de cet homme qui donnait de sa personne pour aider à sauver un homme, Diego percevait ses émotions intimes, ses intentions. Il voyait en lui le désir de bien faire, fruit d'une éducation dans laquelle certaines valeurs comme celles de venir en aide à son prochain sont prégnantes. Il percevait aussi la fierté d'accomplir son devoir et la satisfaction de flatter son ego. Il pourrait raconter son aventure à ses amis au moment d'un apéro, pouvant glisser dans son histoire « J'y étais !… J'ai vu ce qui s'est passé !... ». Il pouvait même lire un stress chez cet homme, celui-ci ayant peur de se faire remonter les bretelles par son épouse s'il venait à rentrer trop en retard à la maison.

Le désir de bien faire du médecin, de l'infirmière et de son collègue ambulancier, le stress et l'inquiétude d'une femme qui observait la scène dans l'attroupement qui s'était créé, la curiosité mal placée d'un homme qui se hissait sur la pointe des pieds pour voir, à l'affût d'un membre sectionné… Diego était capable d'aller là où nul ne peut s'aventurer dans notre misérable condition humaine, au plus profond de l'intime de chacun.

Diego pouvait être partout à la fois. Il pouvait se déplacer dans chaque détail comme une mouche, rapide comme l'éclair qui effectue des zigzags anarchiques dans une pièce pour se poser çà et là. Et dans le même temps, il était comme un nuage qui surplombe et observe d'en haut.

Seule son envie le guidait.

D'en haut, il voyait tout ce petit monde s'agiter, s'affairer autour de son corps inanimé. Il avait une vue panoramique. Il était l'énorme nuage qui recouvre la scène dans son ensemble, pouvant observer la goutte de transpiration qui coulait le long du front de la femme en stress, et dans le même temps il était la goutte de transpiration de cette femme.

La curiosité d'esprit et l'appétit sans fin de comprendre prirent le dessus, et Diego eut l'irrésistible envie d'explorer.

Colette

Diego sentit à ses côtés la présence de Colette, ou plutôt de l'âme de Colette.

Colette était morte il y avait à peu près trois ans, dans de grandes souffrances à ce que lui avait raconté son mari.
Il avait été attristé par sa disparition et s'était senti quelque part un peu orphelin.
Colette se présentait comme une vieille dame, thérapeute de l'âme et de l'esprit. Elle l'avait accompagné et guidé depuis ses vingt-trois ans et un fort lien s'était tissé entre le maître et l'élève au fil du temps.
Un chagrin d'amour l'avait conduit jusque vers elle. Elle l'avait remis sur pied, puis, désireux de comprendre pourquoi il ne faisait que répéter les mêmes schémas de souffrance dans ses relations sentimentales, il avait continué de la rencontrer espérant vivre de meilleures choses, espérant attirer vers lui des femmes autres que tyranniques et instables. Et pour cela, selon les termes de Colette, il fallait qu'il se « déconnise » ! … qu'il enlève de lui ses programmations abandonniques.

Il se souvenait de chacune de leurs rencontres. Bien souvent il pensait à elle. Bien souvent, dans les situations complexes que réserve la vie, il avait fait appel à sa parole sage et réconfortante.
Pour Diego, Colette avait été un peu comme son maître Yoda.
C'était un personnage hors norme. Elle aimait les décors féeriques comme on pouvait en trouver dans le dessin animé de

Blanche Neige, des petites mésanges se livrant gaiement à une danse dans les airs. Des cheveux blancs et gris, elle avait le regard profond et intense d'une personne qui sait qui vous êtes. Ses rides et ses pattes d'oie exprimaient la gaieté et la sérénité. Elle était coquette et excentrique. Vêtue de blanc, elle avait l'habitude de porter des baskets aux couleurs flashy. Elle trouvait ces apparats jolis et se sentait bien dans ses baskets, peu importe ce que les autres pouvaient penser d'elle.

Qu'il rencontre Colette dans cette dimension parallèle n'avait rien de surprenant. Après tout, quoi de plus normal que de rencontrer des gens que l'on connaît près de là où ils demeurent. Ce qui était curieux était de la retrouver sans son aspect physique d'autrefois. Pas de bijoux ni de baskets excentriques, pas de tenue blanche, pas même son corps ni son visage. Non, rien de tout cela. Juste un souffle, un vent immatériel, une présence. Impossible de dire à quoi ressemblait physiquement cette présence, mais Diego savait que c'était elle dans cet univers où tout n'est qu'évidence.
Elle avait toujours été là pour expliquer l'inexplicable, ce que l'être humain considère comme irrationnel. Diego continuait d'éprouver ce besoin de savoir et Colette l'avait rejoint pour y répondre. Alors il conversa avec elle pour assouvir sa soif de connaissances. Et ils échangèrent dans un langage qui s'exprime au-delà des mots.

« - Colette, je suis âme ou bien esprit ?
- Pour l'instant tu es un peu les deux car ton âme n'a pas encore rompu le lien avec ton corps. C'est pour cela que tu éprouves encore l'envie de savoir. Car cette envie de savoir, c'est une envie de ton esprit, l'âme est bien au-dessus de ça. L'âme seule se fout de connaître… Elle sait.»
« L'âme pure ne ressent pas les émotions de colère, de peur, de

tristesse… elle n'est qu'Amour.. »
« Souviens-toi. »

Diego plongea dans le souvenir d'une rencontre avec Colette.
C'était amusant de constater que Colette le vouvoyait de son
vivant.

« - L'âme, l'esprit, … c'est bien la même chose ?
- Non monsieur ! », lui avait rétorqué la vieille femme. Puis elle
avait poursuivi tentant de lui expliquer au mieux une notion
quelque peu complexe…

*L'âme et l'esprit sont différents. C'est par le biais du corps que
nous percevons le monde qui nous entoure. Nos sens, tels que la
vue, l'ouïe, l'odorat, le toucher, le goût, nous permettent
d'interpréter ce qui nous vient de notre environnement via notre
esprit. La compréhension, la pensée est le fruit de notre esprit…

* Réflexion spirituelle extraite du Manuel de Déconnisation

L'image de sa fille parvint à nouveau jusqu'à son âme. Elsa,
cette fois-ci, âgée de quatre ans à l'époque, l'avait stupéfait par
une remarque.
Il conduisait sa Peugeot Partner, lorsque la petite fille, assise sur
son siège bébé à l'arrière du véhicule s'adressa à lui.

« - Je suis en train de penser à quelque chose papa…
- Ah ?… Et à quoi penses-tu Elsa ?
- Je pense que l'esprit, c'est la beauté !
- Ah bon… Et qu'est-ce qui te fait dire ça ?
- Tu m'as expliqué que lorsque je touche mon bras par exemple, c'est mon corps que je touche. Et tu m'as expliqué aussi que lorsque je pense, c'est mon esprit qui pense… alors, quand je regarde cet arbre et que je trouve qu'il est beau, c'est mon esprit qui le trouve beau… Donc l'esprit, c'est la beauté ! ! »

Cet échange furtif témoignant d'une maturité d'esprit chez une enfant de quatre ans l'avait abasourdi. Et aujourd'hui les mots de sa fille prenaient tout leur sens.

Durant son parcours terrestre, l'âme est prisonnière d'un corps, mais aussi des pensées intellectualisées, d'un conditionnement psychique appliqué sur l'esprit : "Il faut être à l'heure !... Finis ton assiette !... C'est mal de mentir... Il ne faut pas faire d'erreur !..."... Elle est aussi prisonnière des ressentis éprouvés par le corps et l'esprit comme la peur, la tristesse, l'envie, la douleur...

[...]

Tonton Freud disait que "les rêves sont la voie royale qui mène à l'inconscient". Il expliquait qu'un censeur filtrait ce qui provenait de l'inconscient et qui n'était pas acceptable d'entendre par le conscient. Dans le sillon de Carl Gustave Jung qui fut l'élève de Sigmund Freud, on peut penser que dans ce lâcher prise qu'offre le sommeil, l'âme rentre en contact avec l'Âme de l'Univers. Mais prisonnière et polluée, les traces qu'elle laisse à celui qui émerge de son sommeil semblent absurdes et n'avoir ni queue ni tête, curieux mélange de l'éprouvé de l'esprit et de l'expression d'une âme parfois en souffrance... parfois qui cherche à dire qu'elle aime...

[...]

L'âme ne connaît pas les soucis. Elle n'est qu'Amour. Et durant notre vie terrestre, prisonnière du corps, elle est limitée par les possibilités physiques d'un corps trop étroit. Dans ce corps, elle cohabite avec l'esprit, qui, rattaché au corps et au mode de fonctionnement qui lui incombe, comprend le monde via ses affects.

[...]

L'esprit est chargé des émotions filtrées par nos sens. L'âme, quant à elle, est pure. Elle est dépourvue de colère, de tristesse, de peur.

Les âmes séparées du corps qui les hébergeait gardent une empreinte résiduelle de ce corps dont elles ne sont pas libérées en totalité se traduisant par une silhouette vaporeuse. N'ayant pas encore rompu avec leur vie terrestre, la peur et la rancœur polluent encore ces âmes en perdition... »

*Réflexions spirituelles extraites du Manuel de Déconnisation

« L'âme n'est qu'Amour... »... Ces mots résonnèrent.

« Mais si l'âme n'est qu'amour, qu'en est-il des fantômes qui hantent et harcèlent les vivants ? », exprima Diego.
« Il arrive en effet qu'une âme tourmentée garde une empreinte dans les murs d'une maison ou des objets, et qu'elle persécute d'autres âmes dans leur vie terrestre. L'âme n'est qu'Amour quand elle est pure, or il arrive dans certains cas qu'elle conserve des émotions éprouvées par l'esprit telles que la peur, la tristesse, ou la haine. Elle ne peut alors pas franchir l'autre côté du tunnel... L'âme pure n'est qu'Amour, mais parfois, elle est sacrément polluée par ces émotions ! », lui insuffla Colette.

Puis elle reprit.
« Il lui faut se libérer de ce qui l'entrave, et pour cela la comprendre avec Amour ».

L'image d'une dague fit irruption. C'était une dague datant de la 2ème guerre mondiale. Ornée d'un aigle et de l'insigne nazi, Diego l'avait récupérée avec d'autres objets militaires que son grand-père avait stockés dans le grenier. Il avait sorti l'arme de son étui pour la présenter à une amie qui était venu le voir. Et devant la lame du poignard quelque peu rouillé, un malaise avait surgi… comme s'il s'agissait d'un objet maléfique.
A présent Diego comprenait de toute son âme que la dague avait servi. Dans la main d'un soldat du troisième Reich, elle avait été empoignée pour tuer. Suscitant la frayeur, tenue par la peur et la volonté de détruire, l'empreinte de son assaillant et de ses victimes confondus résidait encore dans la lame.

Et Colette poursuivit : « Seul le pardon inconditionnel peut libérer l'âme… ». Cela revenait à penser l'impensable pour un être humain ; derrière le bourreau, étouffée par les pires atrocités proférées, réside une étincelle d'amour pur… bien trop polluée pour qu'un humain puisse la voir.

« Diego… Durant ton parcours terrestre, la peur, l'envie et plein d'autres choses encore t'ont pollué et t'ont empêché de voir au-delà des apparences. Quand tu es venu me voir jadis, tu as émis le souhait d'y voir plus clair, d'enlever tes vilaines programmations qui te pourrissaient et te pourrissent encore la vie… Tu as émis le souhait de te « déconniser » … Alors en route pour la ''déconnisation'' ! »

Diego éprouva une profonde sensation de liberté. Il eut alors le désir intense d'expérimenter cette faculté qui lui était inconnue jusqu'alors.
Il eut l'envie soudaine d'aller plus loin, plus loin encore.

En un éclair, il fut projeté dans l'espace. La terre lui apparaissait aussi grosse qu'une pomme. Quelle curieuse sensation de légèreté et de bien-être… Et cela même sans la combinaison et tout l'attirail d'un astronaute dans cette dimension où l'on peut être sans respirer… lorsque soudainement, pris par l'envie puissante de poursuivre l'exploration, il se retrouva dans la membrane d'un djembe, vibrant sous les tapotements des mains noires d'un brésilien… A proximité, deux hommes, torses nus, la peau mate, un pantalon blanc, lançaient leurs jambes, esquivaient les mouvements de l'autre, dans des mouvements au rythme des percussions et des claquements des mains des spectateurs… Soudain, par l'inspiration nasale d'une femme humant la vapeur de thé qui sortait de sa tasse en porcelaine, ….
Il trouva un décor japonais, … un paravent noir et blanc, des tableaux illustrant des batailles, samouraïs, katanas à la main, … le visage fin, paupières abaissées de la femme qui savourait le parfum de sa boisson chaude. Face à elle, se tenaient deux convives vêtues de magnifiques kimonos de soie. Elles conversaient tranquillement, chacune une tasse de thé à la main. L'une d'entre elles parlait de son mari avec humour, racontant à ses deux amies qu'il était rentré un peu éméché la veille après avoir bu un peu trop de saké avec ses copains…

Diego ne parlait pas un mot de japonais, pourtant, là, il entendait chaque intention. L'âme de Diego comprenait les vibrations sonores qui résultaient du Verbe et de chaque mot émis. Elle comprenait cette langue universelle qui se nomme Amour.

La Bible raconte que le jour de la Pentecôte, le Saint-Esprit était apparu aux apôtres, amenant ces derniers à parler des langues étrangères sans les avoir apprises. Ce qui n'était que mystère pour les uns et ineptie pour les autres prenait du sens. Cela devenait à présent une évidence.
« Incroyable ! »… L'âme comprend au-delà du langage. Elle est universelle.

Il fit brusquement retour au-dessus de l'attroupement qui entourait les urgentistes et son propre corps.

Diego avait toujours eu ce goût pour le paranormal, et il aimait penser qu'il y avait une vie après la mort… ou plutôt une vie après la vie. Il avait essayé d'imaginer un état dans lequel l'âme ayant quitté le corps peut se déplacer dans les airs, mais la pensée humaine est limitée par un vocabulaire parfois trop pauvre pour imaginer l'inimaginable et croire l'incroyable.
Bien souvent l'être humain cherche à expliquer les choses alors qu'il serait plus humble de se contenter de chercher à les comprendre.

Il y a une différence entre imaginer, penser, et réaliser. A présent Diego vivait bel et bien cette expérience. Et il se rendait à l'évidence qu'il pouvait se déplacer dans l'instant au gré de son vouloir, sans obstacle, traversant la matière et s'engouffrant dans l'infiniment petit. Il pouvait être dans le général comme dans l'intime, être dans l'ensemble d'une scène comme dans le détail.

Il pouvait se déplacer avec une infinie rapidité dans l'immensité. Son être pouvait se dilater à l'image d'une brume qui couvre un champ. Il se rendit à l'évidence, que de la même manière que les ondes traversent les corps, il pouvait aller au plus profond des objets.

Il était dans une dimension dans laquelle les objets n'ont pas tout à fait la même consistance, à moins que ce fut son être qui n'eut pas sa consistance habituelle…

Cela donnait raison aux théories moléculaires dans lesquelles, dans un absolu, les matières les plus dures, les plus hermétiques, comme l'acier ou le plastique lisse d'une glacière étanche, dans un infiniment petit, ne sont qu'un agglomérat de molécules se tenant entre elles par un rayonnement énergétique diffusé par chacune d'entre elles. Ces matières étanches ne laissent pas passer les gouttes d'eau qui comportent elles-mêmes des molécules trop grosses pour se frayer un chemin à travers l'agglomérat de micro-billes qui les composent. Cependant, il suffirait qu'un micro-fil minuscule à l'extrême se faufile entre cet assemblage de molécules pour traverser sans peine de part et d'autre cette glacière pseudo- hermétique dans laquelle nous mettons notre pique-nique… L'âme de Diego pouvait être ce micro fil.

L'âme est un nuage constitué de particules d'âme, chacune d'entre elles, dans l'infiniment petit, étant capable de se frayer un chemin pour traverser la matière.

* *Réflexion spirituelle et métaphysique extraite du Manuel de Déconnisation*

Daniel

Une autre entité rejoignit Diego. C'était une spirale qui circulait calmement autour de son être vaporeux… Il faut bien des mots pour s'exprimer, et ce sont ces paroles qui correspondraient le mieux à ce qui se produisait. C'était son oncle Daniel décédé deux ans et demi auparavant. Son âme était bien différente de l'image virile qu'il avait incarnée dans sa vie terrestre l'âme étant asexuée.

L'âme de Colette s'était associée à l'âme de Daniel, flottant elle-aussi délicatement autour de Diego.

Seules la soif et la faim de savoir restaient présentes chez Diego.

« Et l'acte sexuel, est-ce bien ? Est-ce mal ? »

Dans ce lieu dépourvu de sexuel, la morale établie par les hommes semblait plus que lointaine.

Colette continua de nourrir Diego de connaissances, des connaissances qui trouvaient leur inscription dans le Manuel de Déconnisation dont elle lui avait jadis parlé…

*« *Il y a plusieurs ondes d'Amour, et d'entre toutes, l'énergie sexuelle est la plus basse. L'être humain, prisonnier de son corps et de ses sens, répond à des pulsions qui le mettent sous tension. Et lorsqu'il assouvit ses envies, par ses sens, son corps lui procure des sensations de plaisir... L'esprit, lié au corps, éprouve des sensations de douleur, de manque et de plaisir.* »

« Les êtres humains ne devraient pas dire faire l'amour. Ils devraient plutôt parler de faire sexe. Il y a faire sexe dans une relation de pouvoir et d'emprise. Dans ce cas, l'un des deux peut se sentir contraint, voire violé, et l'âme en souffre. Il y a faire sexe, tout simplement faire sexe... Des plaisirs comme ça, l'être humain peut s'en offrir tous les matins en allant manger puis chier !... Mais c'est bon pour l'hygiène ! »**

« ...''Faire sexe'' fait partie des ingrédients nécessaires à l'équilibre de l'être humain. Pour l'être humain, en soi, il n'est pas mauvais de faire sexe pour l'hygiène. Ce qui est mauvais est l'aliénation, l'addiction, la relation de pouvoir par le sexe. Faire sexe dans une relation d'Amour et de partage peut être magnifique... C'est cela que l'on peut appeler faire l'amour. Dans ce cas, l'âme est portée et transcende le corps et l'esprit, tous trois ne faisant qu'un. »

*Propos de Colette sur l'amour et la sexualité extraits du Manuel de Déconnisation

**Il y avait toujours une pointe d'humour, parfois de grossièreté, pour énoncer une vérité dans les propos de Colette.

Dans cette dimension bouleversant les codes habituels, plus de soif, plus de faim, plus de désir sexuel, ... Il en était fini de toutes ces envies qui mènent au combat pour la convoitise d'un objet.

L'âme de Daniel continuait de flotter tranquillement autour de lui.
Daniel avait été pour Diego un modèle pour se construire. Diego avait eu sur son parcours de vie quelques images paternelles venant compenser l'inconsistance de son géniteur. Et Daniel en faisait partie.

Les concours de circonstances lui avaient offert de belles rencontres ; ses professeurs de judo, son ami Dédé, Daniel... Tous avaient incarné la sagesse, la force tranquille, l'autorité bienveillante, l'amour protecteur du maître pour son élève.

« Merci mon Dieu pour toutes ces belles rencontres » furent les mots qu'exprimait Diego.
« Il faut toujours remercier l'Âme de l'Univers pour les bonnes choses que l'on vit », confirma Colette.

Daniel était policier. Il avait pris le commandement du commissariat de Montluçon, en Auvergne. Aux yeux du petit garçon qu'était Diego, c'était un homme fort, philosophe, apprécié de ses hommes, et respecté par ceux qu'il interpellait tant il était juste et bon.

Lors de ses funérailles, une foule de personnes s'était réunie, toutes n'arrivant pas à pénétrer à l'intérieur de l'église tant il y avait du monde.

Et Diego n'oublia jamais cette scène qui eut lieu au crématorium.

Dans cet espace de l'au-delà, les images parvinrent à nouveau à son âme.

Il y avait du monde dans la petite salle du crématorium. Tous les bancs étaient remplis. Diego, lui, se tenait debout à côté d'autres personnes qu'il ne connaissait pas, dos contre le mur, situé à droite de la pièce. Le cercueil dans lequel reposait le corps de Daniel faisait face à l'assemblée. Sur celui-ci était disposée sa photo. Souriant, il était en compagnie d'un cheval, lui qui aimait les animaux et la nature. Derrière un pupitre sur la gauche, non loin du cercueil, il y eut un premier discours d'un membre de l'association des Espagnols dont faisait partie Daniel, puis un deuxième, de Nanette, dans lequel elle lui disait son amour et lui demandait de lui faire un signe de là où il était à présent…

Diego avait lui aussi prié pour son oncle la veille. Et dans sa prière, il avait demandé lui aussi à avoir un signe de l'au-delà de la part de Daniel… « Un signe… Juste un petit signe… sans me faire peur », avait-il précisé dans sa prière. Sa condition humaine apeurée par ce qu'elle ne connaissait pas l'invitait à la prudence.

Puis le fils de Daniel, Sébastien se présenta derrière le pupitre pour lire son texte… Il lut les paroles émouvantes d'amour et d'adieu qu'il adressait à son père, puis il regagna sa place.

L'assemblée se tenait face au cercueil, dans le silence et le chagrin. Sur la photo, Daniel semblait regarder une dernière fois celles et ceux qui l'avaient aimé durant son parcours terrestre…

… Lorsque venu de nulle part, sur les premières notes de musique de la chanson de Daniel Guichard, Mon Vieux, un chat sortit de derrière le pupitre, tranquillement, pour se positionner devant le cercueil, assis, face à des visages stupéfaits. Il miaula en balayant du regard l'assemblée. Le maître de cérémonie eut un moment d'hésitation, ne sachant s'il devait faire sortir le félin, mais la veuve de Daniel lui fit signe de ne pas interrompre ce qui se produisait. Et le chat poursuivit son numéro. Il se déplaça lentement dévisageant chacun de celles et ceux qui étaient venus dire un dernier au revoir à Daniel. Il déambula lentement au rythme de la mélodie nostalgique de la chanson, passant devant les bancs et se dirigea vers les personnes qui se trouvaient debout vers le mur du côté droit de la pièce. Il frôla les jambes de quelques personnes jusqu'à celles de Diego. Se retournant délicatement, le chat lança à Diego un regard troublant que jamais il n'oublia. Car dans le regard du chat, c'était le regard profond de Daniel qu'il reconnut…

Le chat sauta sur le dossier du banc situé face à Diego et continua paisiblement son parcours. Les gens s'écartaient sur le passage du félin comme s'il s'agissait d'un animal sacré. Et le chat continua son chemin jusqu'à ce qu'il parvînt à la hauteur de Nanette. Et il s'arrêta un instant sur les genoux de celle-ci, lui lançant le même regard profond. Elle le caressa et le chat repartit, puis disparut sur les quelques notes de fin de la musique…

Tandis que certains n'avaient vu en cette scène rien de plus ni moins qu'un chat, d'autres, plus sensibles à l'irrationnel, reconnurent là l'expression d'un signe de Daniel ».

Dans cet absolu, les âmes de Daniel et Colette flottaient d'amour autour de celle de Diego.

« Tu peux influer sur la matière, l'environnement, à condition que ce soit un désir profond du cœur », émana Daniel.

« Les animaux sont très réceptifs car ils ont gardé leur instinct, leurs sens, sans qu'ils ne soient perturbés par l'intellect et la lourdeur du raisonnement », reprit-il.

Et Colette surenchérit : « Les êtres humains se sont laissés bouffer par leur intellect. Dans la société occidentale, ils se sont laissé croire que le cerveau commande tout. Ils pensent même être supérieurement intelligents par rapport aux autres animaux, et à la nature en général. Ils commencent tout juste à comprendre qu'ils ont un cerveau dans le ventre. Bien souvent, ils privilégient leur raisonnement à leur ressenti. Le raisonnement est dans la tête. Il est utile pour être méthodique et stratégique. Il est utile pour construire dans la vie matérielle, et encore plus dans cette société où tout se planifie. Mais ils confondent bien souvent la volonté issue de la tête pour réaliser quelque chose, ce vouloir qui mobilise l'énergie du corps et de l'esprit pour surmonter une épreuve, avec le désir profond de l'âme ».

L'âme de Diego comprit : « Je peux inspirer et par l'inspiration, de toute ma force et mon désir, je peux guider. »

… il s'agit de faire la différence entre la volonté de la tête et le profond désir du cœur.

*Extrait du Manuel de Déconnisation

Un long miaulement se fit entendre dans la petite cuisine.

« Ben alors Grisou ?! »… Paula, la veuve du père de Diego, s'accroupit à proximité du chat qui semblait dérangé par la présence d'une âme que lui seul pouvait percevoir.

L'âme de Diego éprouva soudain la familiarité d'un environnement.

Dans la pièce exiguë, de part et d'autre étaient entassés des objets de toutes sortes. Une mezzanine disposée juste au-dessus des meubles de la cuisine rendait cet espace d'autant plus confiné qu'elle était elle-même remplie d'un bric-à-brac en tout genre. Un aspirateur sûrement hors d'usage était coincé entre des chaises, elles-mêmes entassées sur des caisses contenant des livres, disques vinyle 45 et 33 tours, et divers bibelots en désordre.

L'âme-esprit de Diego marqua un arrêt sur certains objets…

« Ce meuble !... »… « Cette table de nuit !!... » … Diego connaissait ces objets ! Ce mobilier en formica des années 70 était bien celui de son enfance.

Et cette armoire… C'était bien elle !... L'armoire de la chambre de ses parents !

En zoomant sur les objets de son enfance, les souvenirs lui parvinrent en flash tel un feu d'artifice d'images de toutes sortes. Cette armoire était celle de la chambre de ses parents dans laquelle il allait fouiner en l'absence de ceux-ci quand il avait dix ans pour lire les livres interdits que son père y entreposait. Les livres en question étaient là, un peu plus loin, sur une étagère. Des bandes dessinées de Reiser et Wolinski qu'il ne viendrait pas à l'idée des parents d'aujourd'hui de planquer, mais qui du point de vue de l'ancienne génération, comportaient des dessins « Olé olé » comme disait la grand-mère de Diego, et qu'on préférait laisser hors de portée des enfants. Les épées de collection de son père étaient là, accrochées au mur comme un tableau.

Grand conservateur, son père avait gardé la quasi-totalité des affaires qu'il avait acquises durant sa vie terrestre. Et l'âme de Diego visitait un à un ceux d'entre eux qui l'avaient particulièrement marqué.

Plus loin, coincé derrière un tabouret, entre un vieux tourne-disque et la rambarde de la mezzanine, se trouvait l'échiquier en bois, et juste à côté de celui-ci, le coffret en bois qui en contenait les pièces.

De ces objets émanait une aura particulière. L'âme de Diego sentit la présence de son père. Comme imprégnée dans certains objets plus que d'autres, l'âme-esprit de son père était présente jusque dans les murs de la petite maison. Dans cette dimension dans laquelle l'ouïe n'existe pas, Diego semblait capter une sorte de bourdonnement... le bourdonnement d'une âme perturbée. Il comprit que l'âme de son père, prisonnière d'un esprit en souffrance, hantait les murs de sa maisonnette.

L'âme de Colette envoya ses ondes d'amour pour expliquer à Diego : « L'âme de ton père souffre d'un esprit qui se sent incompris, exclu depuis toujours de tous. Tant que cet esprit ne sentira pas la compassion reposer sur lui, il maintiendra son âme en captivité. S'accrochant au matériel qui constitue une trace de sa vie terrestre, dans l'attente sans fin d'une reconnaissance, elle ne pourra rejoindre l'Âme de l'Univers que lorsqu'une marque

de compassion la libérera… »
L'âme de Colette insuffla une lumière de compréhension à Diego pour aller plus loin dans l'explication.
« Diego, l'âme de ton père souffre et les répercussions vont bien au-delà des murs d'une maison hantée… »
Diego comprit : « Les répercussions de son âme en souffrance vont bien au-delà des murs… Elles vont jusqu'à créer des courants énergétiques qui m'ont amené à vivre ce qu'il a vécu en termes d'exclusion pour que je comprenne sa souffrance… pour que je rentre en empathie avec lui. »

Il comprit soudainement d'autant mieux le message que lui avait adressé son père une quinzaine de jours auparavant. Il s'était rendu à Thuir pour parler de la succession avec la veuve de son père à la terrasse d'un restaurant. Après avoir parlé du partage des biens, alors qu'il s'offrait un petit moment de détente avec Paula devant un dessert en parlant de tout et de rien, il se sentit observé par un animal au plumage grisâtre perché sur le dossier d'un banc public situé à trois ou quatre mètres de leur table. Un pigeon, animal abject que Diego trouvait répugnant, le regardait de son œil rond et brun, et prit soudainement son envol en sa direction. Le volatile stationna en battant des ailes en sur-place devant le nez de Diego qui, pris d'une panique phobique, se débattit en effectuant des mouvements de bras anarchiques.
« Mais dégage saloperie !! », s'écria-t-il sous les yeux de Paula qui s'esclaffa :
« Hi ! Hi ! Hi !… Ça, c'est Gérard qui t'envoie un signe ?!! »

Paula ne croyait pas si bien dire. C'était un message qui disait : « Bon sang ! Tu vas enfin comprendre ce que je souffre ! Vas-tu enfin comprendre ce que c'est que d'être pris pour un pigeon ? »

Certes, le comportement odieux de son père avait amené ce dernier à être rejeté par les autres. Qui trouve plaisant de partager son temps avec quelqu'un d'égoïste, colérique, hautain, méprisant, écrasant les autres d'un pseudo savoir…

Certes Diego éprouvait une injustice à vivre l'exclusion et le rejet de la part de sa fille car il avait été un père aimant. Mais il semble que parfois certaines situations sont à vivre, non pas pour payer un mauvais comportement passé mais pour comprendre…

« C'est là la dernière phase du pardon… », lui souffla l'âme de Colette.
« En comprenant encore plus en profondeur ce que ton père a enduré de son vivant, en comprenant ce que c'est que d'être mis à l'écart, coupé des liens des proches de sa famille, par empathie, quels que soient les agissements du passé qu'il a pu avoir, il te faut admettre qu'il a payé cher. Ainsi, en comprenant la lourdeur de la sentence, tu étancheras la soif de justice que l'on appelle parfois vengeance, et qui est pour l'instant un puits sans fond. L'esprit apaisé ressentira que justice est faite, et ainsi ta colère pourra s'évaporer… et libérer son âme du carcan énergétique qui la retient par son esprit… Et libérer la tienne aussi par la même occasion… »

*« Voici les trois étapes du pardon. Première phase du pardon : traiter les traumas du passé pour pardonner les agissements du passé. Deuxième phase du pardon : accepter l'autre tel qu'il est. Troisième phase du pardon : comprendre du plus profond de soi-même la souffrance de l'autre quoi qu'il ait pu agir, admettre qu'il a assez payé en ayant expérimenté cette souffrance... »

« ... Les trois mousquetaires étaient quatre... De la même manière, pour boucler le tout, la quatrième phase consiste à se pardonner à soi-même. Par le pardon, en cessant toute rancune, il est ainsi possible de rompre avec la répétition d'un vilain schéma de souffrance infligé... »

* Le pardon - Propos spirituels de Colette extraits du Manuel de Déconnisation

Un battement de cœur soudain réveilla en sursaut la mère de Diego. Nanette, qui s'était assoupie sous le poids d'une grosse fatigue se leva d'un trait. L'image de son fils, était parvenue jusqu'à son âme. Elle n'aurait pas su expliquer comment ni pourquoi elle ressentait cela. Mais elle savait dans son intime conviction qu'il lui était arrivé quelque chose, et elle se dirigea rapidement vers son téléphone portable pour le joindre, une boule au ventre se faisant de plus en plus oppressante.

La sonnerie du téléphone de Diego laissait place à la messagerie après quelques « Bip » dans le vide.

On ne peut pas lutter contre l'inquiétude d'une mère et Nanette s'affairait à réunir ses papiers de voiture et quelques autres objets pour se rendre au domicile de son fils.

« Toc ! Toc ! Toc !… Maman ?? ». La sœur de Diego frappait à la porte.

Lorsqu'elle vit sa mère en stress, Oriana tenta de l'apaiser.
« - Qu'est-ce qu'il t'arrive maman ? Pourquoi te mets-tu dans cet état ?

- C'est ton frère… Il lui est arrivé quelque chose !...

Nanette se mordilla furtivement le côté de l'ongle de l'annulaire de sa main gauche.

- Tu as reçu un appel de l'hôpital ? de la police ?...
- Non… Non, rien de tout ça… Mais je sais qu'il lui est arrivé quelque chose.
- Attends, pose-toi… On va se rendre ensemble chez lui si ça peut te rassurer. Je viens avec toi.

Ces mots eurent la vertu d'apaiser quelque peu Nanette, mais avec l'état de stress qui la caractérisait, la trêve fut de courte durée. Elle mit rapidement quelques objets de première nécessité dans son sac « fourre-tout » et quitta d'un pas alerte son appartement avec sa fille.

Le lâcher prise et le contrôle

> « *L'âme utilise la symbolique pour communiquer* »
>
> * *Réflexion spirituelle extraite du Manuel de Déconnisation*

Diego avait toujours beaucoup prêté attention à la symbolique des choses.

Beaucoup refusent d'écouter leur cœur. N'entendant que la raison, ils sont prêts à signer un contrat qui leur rapportera beaucoup d'argent mais les rendra malheureux les amenant à faire l'expérience d'une vie peu épanouissante. Tandis que certains cherchent à réussir dans la vie, et nourrissent ainsi leur ego, quelques-uns ont compris qu'il était plus sage de réussir sa vie.

Diego avait compris cela. Il avait remarqué que lorsque du plus profond de lui-même, il ne pressentait rien de bon dans l'engagement d'un contrat, ses tripes se nouaient. Il lui était alors impossible d'amener la pointe de son stylo à toucher le papier pour apposer sa signature. Son âme freinait.

L'image d'une brosse à dents dans son gobelet lui parvint. Tandis que pour les individus qui fonctionnent dans un pragmatisme pur et dur, deux brosses à dents dans un même gobelet ne sont rien de plus que deux objets à leur place, pour Diego c'était bien plus. C'était pour lui l'image de la vie à deux sous un même toit. Pour lui, offrir une bague n'était pas comparable avec n'importe quel autre bijou. Diego avait été malmené en amour et il en résultait une peur de l'engagement qui n'avait fait qu'accentuer sa sensibilité à ces symboles. Il n'avait pas consenti à remettre la clé de sa maison à une nouvelle femme depuis qu'il avait été échaudé. Pour lui, remettre la clé de sa maison revenait à laisser à quelqu'un la clé qui ouvre les portes de son cœur.

*« *Dans la vie terrestre, les comportements s'inscrivent dans une symbolique. Ainsi, lorsqu'un être humain décore l'intérieur de son habitat, il refait son intérieur à l'image de son intérieur.* »

[...]

« Le comportement est le reflet des états d'âme. L'âme cherche à rentrer en communication avec le corps qu'elle a investi via les rêves et les cauchemars que beaucoup ne savent pas interpréter. Elle est en perpétuelle connexion avec l'Âme de l'Univers, qui elle aussi, cherche à établir le lien et à communiquer par les signes que beaucoup ne voient pas. »

* Réflexions psychologiques et spirituelles de Colette extraites du Manuel de Déconnisation

L'image furtive de la mante religieuse lui parvint… suivie de celle de sa voiture dans le fossé.

Les quelques jours qui avaient précédé l'accident, la voiture de Diego avait fait des siennes. La même semaine, à trois reprises, il avait dû remédier à des problèmes de batterie. Savoir percevoir les signes est une chose, savoir les comprendre est une très bonne chose, mais les écouter et les suivre est encore mieux.

De son vivant, Colette aimait lui répéter : « La voiture
représente le Moi profond... »
Peut-être aurait-il été sage de comprendre qu'un problème de
batterie pouvait révéler une carence d'énergie.

Diego n'avait pas accepté de suivre les messages que lui
adressait l'Âme de l'Univers. Il les avait interprétés à juste titre
comme des avertissements qui lui signifiaient : « Pose-toi
Diego. Respire. Tu tires trop sur la corde. Ton corps ne te suit
plus et ton âme souffre. La corde risque de rompre. Attention... »

Il aurait été plus sage de se poser et de respirer, son corps ne
suivant plus.
Guidé par une soif de savoir, Diego aimait se confronter à tous
types de patients, lui faisant tantôt voir en miroir ce qu'il portait
d'humain, tantôt ce qu'il y avait d'abject en lui. Il s'était engagé
pour partager son savoir dans des conférences, intervenait dans
plusieurs groupes... Diego s'était consumé peu à peu, la passion
pour son travail ayant laissé place à la fatigue. Lui qui
prodiguait les bons conseils de savoir dire non, d'accepter son
rythme et ses limites, s'était montré en incapacité de les
appliquer.
Au-delà de sa soif de connaissances, la sensation d'exister en
aidant les autres semblait lui donner un but.
Pauvre cordonnier mal chaussé !

Diego semblait répondre à cela de façon présomptueuse par « je
sais, je sais,... mais plus tard. La corde tiendra bien encore un
peu. »

L'image de sa voiture dans le fossé, l'attroupement, les urgentistes, autour de lui… Il comprenait désormais que la corde, bien fatiguée avait fini par céder.

Flavie

Soudainement.

« Yaaaah !!! »

Un paysage défilait à toute allure devant Diego. Quelques personnes se tenant debout derrière des barrières, d'autres assises sur les gradins d'un manège à chevaux. Au galop sur un sol de sciure, il était dans l'oeil d'un cheval !

« Ooooohhhh…. Olaaa… Ooooohhh…. »
C'était la voix de Flavie. Elle tirait sur les rênes de sa jument l'amenant ainsi à réduire sa vitesse pour finir au pas. Tandis que sa monture poursuivait à un rythme posé un tour de piste de récupération, Flavie, satisfaite de son entraînement, appliquait des caresses sur le corps de l'animal.

Diego observait la scène depuis la surface du toit qui recouvrait le manège. Flavie, vêtue d'un noir qui se confondait avec la couleur de sa jument, se tenait droite et fière. Une aura opaque enveloppait la jeune femme et sa monture.

Les yeux bleus de Flavie laissaient entrevoir un mélange de force et de fragilité.
La jolie blonde descendit de sa monture et la caressa avec affection. Et la brillance qui s'échappait de son regard témoignait de tout l'amour qu'elle portait à sa jument. Mais il n'y avait pas que de l'amour… Et Diego put lire dans l'esprit de Flavie que cet amour était mélangé à une effroyable envie de

posséder. Elle aimait sa jument d'un amour fusionnel et possessif... Ne faire qu'un avec l'animal et posséder sa puissance.

L'énergie d'amour qui enveloppait son être était polluée par le besoin de dominer. Cassée par une vie qui ne l'avait pas épargnée, elle cherchait constamment à être le centre d'intérêt de tous et de tout.

Mais derrière cette force de caractère, Flavie dissimulait une immense fragilité que Diego discernait à présent de toute son âme dans cette dimension dépourvue de sexuel et où seule la beauté du cœur a de l'intérêt.

« Flavie !!! », cria un homme enjambant la barrière du manège pour la rejoindre.

La jument de Flavie hennit brusquement. Diego reconnut l'homme avec qui elle l'avait trompé.

Quel curieux ressenti… Il avait aimé cette femme d'un amour terrestre. Et là, à présent que son âme flottait bien au-delà de tout ce qui se rattache à la terre et à ses futilités, il était loin, tellement loin, si loin de cet amour qu'il lui avait voué.

N'avez-vous jamais recroisé un ou une ex, dans un magasin, ou au détour d'une rue, sans qu'il vous voie ?

C'est parfois une bien étrange sensation que celle de repenser à cet être que l'on a aimé, serré dans nos bras, que l'on trouvait beau, et dont on ne ressent à présent, curieusement plus rien.

On se surprend à le trouver banal, commun… et parfois même vilain, à s'en demander comment on a fait pour tomber amoureux d'une telle créature.

L'âme de Diego ne se posait pas de telles questions car l'âme n'intellectualise pas, mais si la bizarrerie était un sentiment, ce serait sûrement celui-ci qu'elle aurait éprouvé en observant la scène...

Cet homme avait été un de ses anciens compagnons. Leur vie sous un même toit s'était achevée depuis plusieurs années.
Elle, elle aimait se confier à lui, le considérant comme un ami malgré la relation tumultueuse qu'ils avaient eue.
Lui, manifestement n'avait pas fait le deuil de leur relation et espérait toujours qu'elle lui revienne et lui appartienne, à lui, rien qu'à lui seul.

Diego n'avait plus la déception, ni même la pointe de jalousie qu'il avait pu éprouver jadis. De tout cela, il ne restait qu'un fond de tristesse. Et ce n'était pas la tristesse d'un homme trompé par sa femme. Non c'était uniquement de la tristesse devant cette fille abîmée par la vie, et dont il ne voyait plus la beauté physique.
Combien de fois Diego avait-il été attiré par la beauté d'une femme ? Combien de fois s'était-il précipité amoureusement par peur de perdre celle qu'il voyait belle ?... Et combien de fois avait-il souffert après avoir découvert qu'au-delà de la plastique, l'intériorité de celle qu'il avait trouvée belle n'était pas si jolie ?

Il était tellement loin de tout cela dans cette dimension où le physique a bien peu d'importance.

Les paroles de Colette paraissaient comme suspendues… « Les yeux sont les portes du cœur ».

« On peut lire la vitalité d'un être à travers ses pupilles, dans le brillant de son regard. »

Le fait que le méridien du cœur va jusqu'à la pupille de chaque œil aurait-il à voir avec cela ?

Toujours est-il que le xin (le cœur) abrite le shén (l'esprit).

Les yeux sont les portes du cœur.

*Réflexion issue d'enseignement en médecine chinoise - Extrait du Manuel de Déconnisation

Durant toutes ces années, Diego n'avait pas su lire dans le regard de l'autre.

Elles avaient été autant de mantes religieuses… La mante religieuse, cet insecte femelle qui dévore son mâle pendant l'accouplement. Absorbé par le physique de sa partenaire, hypnotisé par ses belles courbes et fasciné par l'énergie sexuelle qu'elle déployait, combien de fois s'était-il déjà fait manger ? Son manque d'affirmation l'avait souvent conduit à rencontrer des femmes qui savaient user de leurs charmes pour obtenir ce qu'elles voulaient parfois de façon autoritaire et tyrannique.

Et lorsque par chance, les concours de circonstances l'avaient conduit à rencontrer la perle rare aussi belle intérieurement qu'extérieurement, il avait adopté un comportement abandonnique l'amenant à se cramponner à la charmante fille. Celle-ci se sentant étouffée, finissait par ne plus le supporter et prenait la décision qu'il redoutait tant, … elle le quittait.

« Aaaaaaaaaaaaaaaahhhhhhhhhhhhhhhhhhhh !

Soudain, l'âme de Diego fut aspirée. Quatre pattes érigées devant lui rejoignaient l'abdomen d'un énorme insecte verdâtre qui en tenait un autre inerte entre ses énormes pinces. Diego assistait à l'effrayante scène d'anthropophagie d'une bête aux yeux énormes et monstrueux sur l'un de ses congénères. Sans pitié, l'animal consommait entre ses mandibules voraces un autre comme lui, dont la carcasse disparaissait peu à peu.

« - La mante religieuse ! Elle m'a poursuivi toute ma vie !...,

L'âme de Colette fit sentir sa douce présence à ses côtés.
- Oui Diego… Elle est la synthèse de tes angoisses… Elle est à la fois ceux qui ont cherché à te dévorer, et toi qui a cherché à t'en défendre… bien souvent en bouffant les autres aussi… que ce soit dans le domaine sentimental ou professionnel…

L'image de Mme Fané parvint jusqu'à son esprit. Sur sa chaise en osier, vêtue de noir, recroquevillée sur elle-même son bras squelettique saisissant une tasse de thé, elle ressemblait à une mante religieuse habillée de vêtements larges, ornée de quelques pendentifs et d'une grosse paire de lunettes.

La compréhension irradia l'âme de Diego.
- Oui je comprends ! C'est bien ça ! Elle est à la fois ces autres qui ont voulu me bouffer et moi… dans ce que j'ai de plus égotique en moi !
- Ça y est, tu as compris… et lorsque les mantes religieuses

s'affrontent, cela donne parfois de terribles batailles d'ego.

En un éclair, il était dans le petit bureau situé juste à côté du manège de l'écurie. Flavie était assise sur un fauteuil en cuir et fumait, le regard hagard orienté vers la fenêtre. L'âme de la cavalière était peu lumineuse. Abîmée par la vie, elle semblait étouffée par une lueur opaque que l'on aurait pu nommer ego.

« Bon sang ! Je ne m'étais jamais aventuré à ce point au-delà des apparences ! Il semblerait que bien au-delà d'un comportement infect mis en scène par son ego, Flavie soit avant tout une personne en souffrance… »

… Il en est sans doute de même pour Léa Brillego et toutes ces autres que j'ai trouvées détestables sur mon chemin… »

Il fut instantanément projeté dans le bureau de Léa Brillego. Il observait la scène d'en haut. La jeune carriériste s'était engagée pour mettre en place un concours d'affiches. Elle rédigeait à cet effet un courrier. Et tandis que la main de Léa appuyait le papier de la pointe du stylo à bille, Diego lisait dans l'âme de Léa… ou plutôt dans l'ego de Léa son irrésistible envie de briller et de prendre le devant de la scène.
« Ahhh… Vous allez voir un peu qui je suis ! Tout le monde pensera de moi que je suis quelqu'un de génial. On m'admirera pour ce super travail… ''Bonjour Léa, c'est vous qui avez réalisé ce concours d'affiches, quel magnifique travail vous avez fait…''… Lors de la remise des prix, Madame le Maire annoncera devant tous : ''Et je tiens à remercier celle qui a œuvré pour que ce superbe concours ait lieu… la première adjointe au maire, Madame Léa Brillego! … Sous vos applaudissements !... »

Devant toutes ces pensées, Diego se reconnaissait tel qu'il avait été il n'y avait encore pas si longtemps de ça.

« Léa !... Mais ce n'est qu'un concours d'affiches… Rien de plus qu'un petit concours d'affiches local qui ne révolutionnera pas la planète et dont on ne se souviendra pas dans un an… On retrouve parfois des vestiges de l'époque pharaonique ou gallo-romaine, et parmi ces vestiges, les traces d'un roi célèbre en son temps… méconnu de tous à présent… et qu'en reste-t-il aujourd'hui ?? … Alors dans vingt ans qu'adviendra-t-il de ton concours d'affiches et des projets que tu mènes qui font tant gonfler ton ego?... »

« Laisse Diego… Lâche !... Tout comme toi, elle a besoin d'apprendre… en prenant une ou deux claques, car elle aussi, a son école de la vie à accomplir… », insuffla Colette.

Beaucoup d'individus ont une faible estime de soi. Ils ne s'accordent pas ou peu de valeur, pensant d'eux-mêmes qu'ils ne sont pas à la hauteur, qu'ils ne sont que des merdes. L'instinct premier d'une personne qui a une faible estime de soi est de se rehausser. Elle cherche alors à obtenir une bonne image d'elle-même à travers le regard que les autres portent sur elle. C'est le cas de l'élève qui cherche l'approbation du prof en le cherchant du regard inquiet : « J'ai bon là ?… J'ai bon ?... »

C'est le cas du petit garçon qui ramène ce qu'il a confectionné auprès de papa ou maman en attendant les félicitations : « Oh… C'est joli ! C'est bien ce que tu as fait, bravo !... ». Et l'espace d'un temps, l'ego, gonflé d'orgueil devant ces retours positifs, est satisfait, compensant ainsi la faible estime de soi.

L'enfant est normalement promis à grandir et à gagner en assurance. Malheureusement, pour beaucoup ce besoin d'exister aux yeux de l'autre perdure. Bien souvent, la dépendance au miroir que l'autre nous renvoie dans son regard admiratif s'installe. Le besoin de se comparer à des autres que l'on cherche à dominer, la soif d'avoir le dessus sur les autres... Tout cela devient addictif pour compenser la faible estime de soi.

Le diable intérieur qui nous habite nous pousse à exister sur ce chemin de l'orgueil et du pouvoir, et nous sommes tel Lucifer qui, pris par son propre orgueil, prétendant être l'ange ayant le plus de connaissances, voulut être supérieur à Dieu avant d'être déchu.

Terrible chemin que celui de l'orgueil et du pouvoir ! Car par la comparaison avec les autres, il mène à la guerre.

Dans l'humiliation, il y a la racine latine « humus », et sur ce chemin-là, on est en proie à être humilié autant que l'on peut humilier l'autre, le rabaissant à la hauteur de l'humus, lui mettant le nez dans la merde.

Dans l'humilité, il y a aussi la racine latine « humus », mais peut-être peut-on voir cet humus-là davantage comme une terre fertile que comme un caca qui pue. Le chemin de l'humilité avec toute sa simplicité consiste à s'accepter tel que l'on est, avec ses limites, ses qualités, et aussi ses défauts...

*L'estime de soi - Réflexions psychologiques et spirituelles extraites du Manuel de Déconnisation

L'âme de Colette lui susurra : « Diego, tu n'es pas superman, tu as des défauts, tu as des qualités et des limites. Tu es juste un homme et globalement un homme bon. »

« Accepte au plus profond de toi-même qui tu es ».

L'âme de Diego s'illumina de plus belle en buvant le Verbe qui lui était donné par Colette : « Je ne suis pas superman, j'ai des défauts, j'ai des qualités et des limites. Je suis juste un homme et globalement je suis quelqu'un de bien… Je sais qui je suis, je sais ce que je vaux ! … et je n'ai besoin du regard de personne pour me dire qui je suis, ni quelle est ma valeur. »

« … Je ne prendrai chez l'autre que les critiques constructives pour m'améliorer et les compliments pour me réjouir… »

« Aimer la mante religieuse et elle disparaîtra… »

Rehausser son estime de soi, et s'aimer, aimer l'animal qui est en soi… et il disparaîtra.

L'estime de soi - Leçon psychologique et spirituelle extraite du Manuel de Déconnisation

Papoum ! Papoum ! Papoum !

Le battement d'un cœur !! L'âme de Diego était dans les battements d'un cœur !...
« Avoir du cœur »… Cette expression avait du sens car il était dans les battements d'un cœur rempli d'amour qui irradiait un corps. Dans le regard humide d'un petit homme, il vit le visage tendre de Célestine.

Une immense lumière d'amour entourait Diego, noyé dans un océan de tendresse maternant. L'âme de Diego prit tout doucement de la distance avec ce qui apparaissait comme un nuage d'amour et une forme lumineuse de bonté laissa progressivement s'esquisser une silhouette, ou plutôt deux silhouettes qui n'en faisaient qu'une. Un grand sourire, les yeux plissés, un homme trisomique d'une cinquantaine d'années, se tenait debout face à Célestine, yeux dans les yeux, tout en l'enserrant dans ses bras. Comme une éléphante qui enrobe son éléphanteau, le soutenant de sa trompe enroulée autour de lui, elle l'enrobait. Plus petit qu'elle, il tourna la tête pour laisser reposer sa joue contre son ventre, comme un enfant cherchant le réconfort des câlins auprès de sa mère.
De tout son amour, un amour qu'on pouvait lire dans les grands yeux bleus de Célestine, et qui émanait de toute sa personne, elle l'enveloppait d'une énergie réconfortante.
Dans sa vie terrestre, combien de fois Diego avait-il cherché la reconnaissance auprès des huiles ? Combien de fois avait-il cherché à plaire à une notoriété dans le secret espoir qu'elle le tire vers le haut, pour satisfaire son ego d'être au rang des

célébrités ? Et combien de fois avait-il été déçu ?

Malgré tous les efforts fournis et déployés pour plaire et satisfaire une reine ou un roi, on l'avait laissé au rang des « petites mains » qui font tout le travail dans l'ombre et sans avoir l'ombre d'une reconnaissance. Plus d'une fois, d'autres plus haut placés s'étaient réappropriés les fruits de ses travaux, et par là même l'en avaient dépossédé ainsi que de tout mérite.

A présent qu'il assistait à ce magnifique spectacle d'amour, l'esprit de Diego se sentit soudainement minuscule, comprenant en profondeur, enfin ce qu'est « aimer ».

Il avait admiré ces autres, supérieurs hiérarchiques, médecins et professeurs en tous genres appartenant au grand monde, et aurait tellement voulu se hisser à leurs côtés dans la haute société…

Mais aimer, ce n'est pas admirer !...

Pourquoi attendre la reconnaissance d'un autre ? Pourquoi même la rechercher ?

Dans le domaine de l'amour, du vrai, il n'était qu'un novice.

C'est curieux de voir comme le manque d'affirmation va de pair avec l'humilité. Ces autres, supérieurs, mis au rang de superstars, paraissaient tellement sûrs d'eux aux yeux de Diego. Mais cet excès de confiance ne cachait-il pas une faible estime de soi en manque de compensation ? Être humble et affirmé… voilà l'objectif.

Tandis qu'il avait cherché le haut de la pyramide sociale jamais atteinte, frustré, brimé, Célestine, quant à elle, avait compris depuis longtemps, avec humilité, que l'important était dans la générosité, dans le don de soi auprès des personnes vraies que l'on aime et qui nous entourent.

Elle était un puits d'amour qui irradiait le lieu dans lequel elle était. Il comprenait enfin, et sentait à quel point il avait été si minuscule dans son existence terrestre.

L'âme de Colette lui insufflait des paroles qu'elle lui avait répétées à maintes reprises, et qui à présent prenait un sens profond : « C'est par la petite porte que l'on rencontre Dieu… pas par la grande porte dorée ! ».

Colette aimait dire : « les études, c'est un filtre à cons ! ». Il fallait comprendre dans ses mots que bien souvent, ceux qui ressortent d'un parcours scolaire, dans lequel ils ont appliqué « tout bien comme on leur a dit », ont enregistré des connaissances et des méthodes, parfois au détriment du bon sens, de la créativité, et surtout gonflés d'orgueil par un titre qui rend hautain, « con-descendant ». Arrêter de guetter une approbation ou une quelconque reconnaissance en vue d'être quelqu'un de bien, admiré par tous…

Surplombant la scène, il l'observait tenant la main d'une personne trisomique qui la fixait du regard avec des yeux débordant d'amour pour son éducatrice. Elle était belle, enveloppée d'une aura de bonté.

Bien souvent, les humains sous-estiment ceux qui portent un handicap mental. Les individus dit « normaux », de tout leur orgueil, les toisent et les méprisent pour leur retard mental... Et pourtant… Dieu ne regarde ni la taille ni la couleur de peau. Et il préfère l'intelligence du cœur à celle de la raison.

L'âme de Diego vit un deuxième jeune trisomique s'approcher de Célestine en courant, affichant un grand sourire rempli de tendresse. Elle posa sur lui un regard affectueux en glissant sa main dans ses cheveux d'une façon maternelle lui donnant le câlin qu'il réclamait.

Beaucoup de personnes jugées attardées mentales par leurs congénères auraient des leçons à donner sur les qualités du cœur. Une aura magnifique émanait de la silhouette de Célestine et de celles des deux êtres qui l'entouraient.

L'esprit de Diego recevait une leçon d'humilité devant le spectacle d'amour qui se livrait devant lui.

Cesser de se tourner vers des cons aux titres prestigieux. Exister en toute simplicité à travers l'amour que l'on donne... Etre un soleil d'amour, réchauffant le cœur de ceux qui ont froid.

Leçon d'humilité extraite du Manuel de Déconnisation

Comment avait-il pu ne pas voir plus tôt la beauté de cette femme qui donnait sans compter de sa générosité autour d'elle ? Il comprit que durant sa vie terrestre, il avait été égoïste et n'avait pas su voir la vraie beauté. Il avait été un attardé affectif, un handicapé des sentiments. Et là, pour la première fois, il y voyait clair car il voyait de toute son âme.

L'âme de Diego se retrouva dans un square. Assis sur un banc, Diego avait revêtu son apparence humaine. Célestine se tenait à côté de lui. Il ne s'était jamais attardé pour la regarder de la sorte... Peut-être ne se l'était-il jamais autorisé. A présent, il la contemplait et la trouvait belle. Il se sentait bien, calme, détendu. Elle souriait et le regardait avec des yeux dont le pétillant débordait d'amour. Elle s'approcha doucement vers lui, posa son visage fin sur son épaule en lui disant : « Crois-tu que toi et moi, cela pourrait marcher ? »... Leurs lèvres se rapprochèrent pour s'embrasser délicatement, et des mots d'une fluidité absolue s'échappèrent de la bouche de Diego pour répondre « C'est une évidence ! »

Ces mots eurent une résonnance particulière. Ils amenèrent Célestine à ouvrir les yeux. A moitié endormie, le visage posé sur son oreiller, ses paupières s'ouvrirent avec cet écho : « C'est une évidence !... C'est une évidence... C'est une évidence... »

Il y a des rêves qui par leur force paraissent plus vrais que la réalité. Dans cette dimension où ce qui est réel peut être remis en question, il comprit que les rêves empruntent une fenêtre permettant à l'âme du rêveur de s'échapper. Il venait de rejoindre l'âme de Célestine dans l'un d'entre eux.

Et l'âme de Colette intervint pour répondre à nouveau à son appétit de connaissance.

Les êtres humains sont tous à l'école de la vie. La vraie psychologie n'est pas dans les livres. Elle est dans l'expérience que l'être humain se fait de la vie. Il n'y a qu'une seule et vraie façon d'avancer dans cette vie terrestre, c'est expérimenter et tirer des leçons des expériences faites. Pour cela, il faut accepter de se tromper, de faire des erreurs... La vie est un risque. Et il faut accepter cela. Ne pas accepter le risque, c'est ne pas accepter de vivre.

Propos spirituels extraits du Manuel de Déconnisation

Diego se rendit à l'évidence que la vraie mort n'était pas dans l'au-delà. Elle résidait là où on ne l'attendait pas, dans la médiocrité d'une vie, sans intérêt… sans risque.

Les expériences sont importantes pour que la leçon à comprendre ne s'arrête pas à l'intellect de la tête, mais soit assimilée en profondeur et que l'âme, le corps et l'esprit soient en phase. A travers ses choix, l'être humain se risque à une aventure professionnelle, à faire une activité nouvelle, … à aimer. Il peut ressortir, meurtri de ses expériences mais c'est le prix à payer d'une leçon à tirer.

Propos spirituels extraits du Manuel de Déconnisation

Diego avait dans son agenda l'extrait d'une pièce de théâtre, *On ne badine pas avec l'amour,* d'Alfred de Musset. Il aimait relire cette tirade de temps à autre.

« Adieu, Camille, retourne à ton couvent, et lorsqu'on te fera de ces récits hideux qui t'ont empoisonnée, réponds ce que je vais te dire : Tous les hommes sont menteurs, inconstants, faux, bavards, hypocrites, orgueilleux et lâches, méprisables et sensuels ; toutes les femmes sont perfides, artificieuses, vaniteuses, curieuses et dépravées ; le monde n'est qu'un égout sans fond où les phoques les plus informes rampent et se tordent sur des montagnes de fange ; mais il y a au monde une chose sainte et sublime, c'est l'union de deux de ces êtres si imparfaits et si affreux. On est souvent trompé en amour, souvent blessé et souvent malheureux ; mais on aime, et quand on est sur le bord de sa tombe, on se retourne pour regarder en arrière ; et on se dit : " J'ai souffert souvent, je me suis trompé quelquefois, mais j'ai aimé. C'est moi qui ai vécu, et non pas un être factice créé par mon orgueil et mon ennui. " »

 Il comprit en profondeur pourquoi relire cet extrait lui faisait du bien.

« L'être humain craint d'avoir mal. Il s'afflige parfois des culpabilités idiotes et autres souffrances inutiles, refusant par ailleurs le risque de souffrir pour la bonne cause. Il se blinde, se met une carapace… La peur, voilà le problème majeur de l'être humain… La PEUR ! »

Diego se souvenait de ses cours de médecine chinoise lors desquels le professeur expliquait.

La peur et la frayeur sont différentes. La frayeur est dans le cœur. Notre sang ne fait qu'un tour quand on est surpris par la menace. Un chien surgit en aboyant derrière un portail et nous sursautons de frayeur. La peur quant à elle, est dans les reins... Elle fait pisser. Elle prévient d'un danger à venir. Si nous trouvons sur notre chemin le portail d'une propriété ouvert et que le chien qui se trouve à l'intérieur est réputé méchant, nous pouvons éprouver la peur de nous faire mordre...

Enseignement de Jacques, professeur de Médecine Chinoise, extrait du Manuel de Déconnisation

Colette poursuivit. « Sur terre, chacun a sa propre école de la vie à faire, avec des leçons à tirer par rapport à soi-même et qui ne concernent que soi. Le but étant de s'améliorer pour être épanoui, en harmonie avec soi-même et son environnement. »

« La peur... Quelle émotion de merde !... », furent les mots qui jaillirent de l'esprit de Diego.

Quand on dit que l'on voit sa vie défiler lorsque l'on s'apprête à rendre l'âme, ce n'est pas tout à fait faux. Les images de son vécu fusaient. Des bribes de scènes vécues face à son père, face à des profs impétueux, à des ex tyranniques, à des patrons et individus agressifs en tous genres qu'il avait dû affronter...

Ah... la peur, sa vieille amie la peur... Il avait fait sa connaissance, dès sa venue dans ce monde terrestre.

Deux grosses mains étaient venues l'extraire de ce lieu certes devenu trop étroit, mais familier. Perdu dans ce nouveau monde, il s'était mis à hurler.
Hurlant, pleurant, s'agitant, dans ce monde inquiétant, seule la douceur pouvait être apaisante. Et ce fut la douceur de sa mère, qui par sa voix et ses gestes tendres, eurent cette vertu.

Chaque être humain a un géniteur et une génitrice. En général, le géniteur adopte l'enfant et devient le papa et la génitrice adopte l'enfant pour devenir la maman. Parfois, c'est un autre qui adopte l'enfant et devient son papa ou sa maman. Il faut un temps pour apprivoiser et être apprivoisé par ses nouveaux parents, qu'il s'agisse de son géniteur, de sa génitrice, ou d'un autre... En fin de compte, nous sommes tous des enfants adoptés.

* Réflexion spirituelle extraite du Manuel de Déconnisation

La peur de mal faire, la peur de l'abandon, la peur d'arriver en retard, de contrarier sa chérie au risque d'être quitté ou désaimé, la peur d'être interrogé devant tous, la peur de l'inconnu… Cette bonne vieille amie la peur avait accompagné Diego depuis son plus jeune âge, se déclinant de toutes les manières possibles.

L'âme de Colette lui envoyait des pensées.

« Comme je te rejoins Diego, la peur est vraiment une émotion de merde ! »

« Elle crée des traumatismes qui conditionnent les êtres dans leur vie… »

« Les êtres humains ne sont pas *alignés* à cause de la peur. »

« Alignés ?? »

Diego se souvint d'un échange passionnant qu'il avait eu avec Colette à ce sujet comme il en eut tant d'autres.

---

*« Etre aligné, c'est être affirmé, c'est être en phase avec soi-même.

La tête, c'est le siège de la pensée ; le cœur, c'est la parole ; et les tripes, l'action.

Etre aligné, c'est être en accord avec soi-même dans un alignement « tête », « cœur », « tripes », autrement dit « pensée », « parole », « action ».

… Un homme, par peur de décevoir un ami, accepte d'aller à son anniversaire, alors qu'il lui est insupportable de recroiser son ex… Voilà, que par pensée, au niveau de la tête, il préférait ne pas aller à cette soirée ; par parole, la parole étant dans le cœur, il n'ose pas dire gentiment à son ami qu'il ne viendra pas, et par action, dans les tripes, il se rend à cet anniversaire… cet homme est en décalage avec lui-même et il en souffre… »

* Réflexions spirituelles de Colette extraites du Manuel de Déconnisation

Diego revit une multitude de scènes lors desquelles il avait souffert d'avoir accepté « à contrecœur » certaines choses qui le contrariaient, des scènes durant lesquelles il avait été en décalage avec lui-même.

« L'être humain doit apprendre à être affirmé... autrement dit aligné... Il doit apprendre à être vrai... », pensa-t-il.

*Chaque expérience est une manière de mieux se connaître. Et l'être humain doit apprendre s'il veut se libérer de ses peurs... car les peurs nourrissent l'ego. Elles donnent à manger au petit diable intérieur de chacun, ... Oui, ce petit diable intérieur qu'on pourrait appeler Orgueil. Il souffle aux êtres humains quelques solutions pour les rassurer. Il chuchote à celles et ceux qui ont une faible estime de soi : « Mais non, tu n'es pas nul !... Tu n'es pas une merde ! Bien sûr que non !... Tiens regarde, tu peux te le prouver en étant au-dessus des autres, en étant supérieur, en étant l'égal de Dieu ! Vas-y, montre leur que tu les domines ! Prouve-toi que tu es capable de tout !... Et prouve-le au monde entier !... »

[...]

Le diable intérieur de chacun tente ainsi celui qui l'écoute de se donner l'illusion d'une force qu'il n'a pas. Se confrontant à la réalité et aux limites qu'elle impose, il peut devenir tyran et faire souffrir les autres, jouissant sur l'instant de la domination qu'il exerce, mais en payant le prix plus tard, se rendant à l'évidence de son impuissance.

De toutes les façons, écouter son diable intérieur revient à rentrer en guerre. Cela revient à vouloir le pouvoir...

*La peur - Réflexions psychologiques extraites du Manuel de Déconnisation

« L'être humain est mal barré ! », laissa échapper Diego.

« C'est pour cela qu'il est à l'école de la vie… », souffla Colette.

Il est souvent plus facile de voir l'orgueil lorsqu'il réside chez l'autre, mais à présent, dans cette dimension dénuée d'envie de posséder et de dominer l'autre, Diego se rendait compte à quel point il avait été orgueilleux et prétentieux durant son parcours terrestre. Il revoyait en image toutes ces fois où il avait voulu jouer au petit prof, étalant de manière indécente ses pseudo-connaissances auprès de gens souvent plus faibles que lui.

L'orgueil, le pouvoir… Diego se souvenait des paroles de Colette à ce sujet… des paroles qui trouvaient leur retranscription dans le Manuel de Déconnisation…

*L'orgueil… Il se décline de façons différentes. Il y a l'orgueil de l'enseignant qui se sent supérieur aux autres, croyant détenir Le savoir et La Vérité sur tout et au-dessus des autres…

[…]

Il y a l'orgueil du flic qui jouit de sa supériorité de pouvoir sur l'homme qu'il vient d'interpeller. Derrière le juge, le médecin et toute autre personne détentrice d'un petit pouvoir, il se cache et procure la jouissance d'un pouvoir à exercer sur l'autre que ce soit en privant l'autre de sa liberté, … ou en lui venant en aide. Car il peut prendre des formes bien plus insidieuses se cachant dans le couple, et derrière des professions telles qu'assistante sociale, infirmière, pompier, psychologue, et bien d'autres encore. Il se traduit ainsi par se que l'on nomme communément Syndrome du sauveur.

« C'est moi, qui ai sauvé la vie de cet homme ! », se dit l'ego…

« *Bravo !* », lui chuchote sournoisement le petit diable intérieur.

« *Mais si tu te prétends l'égal de Dieu et que tu n'arrives pas à sauver cet homme, alors tu dois en endosser la responsabilité !... Vient ensuite la culpabilité, tel est le prix à payer... Pire encore, si tu te prétends Dieu pour enlever le mal d'un autre... et bien prends-le et garde son mal en toi !* »

[...]

C'est pour cela que l'homme a à apprendre l'humilité dans son école de la vie sur terre. Cela lui revient à accepter ses limites et ses faiblesses, cherchant à s'améliorer plutôt que de se convaincre du contraire.

Ne pas accepter cette illusion que propose le diable...

Le guérisseur qui souhaite aider l'autre doit considérer en toute humilité qu'il n'est que l'intermédiaire, un passeur d'énergie entre Dieu et le souffrant.

* *Réflexions spirituelles issues d'échanges avec Colette extraites du Manuel de Déconnisation*

Diego absorbait tout ce savoir laissant replonger son esprit dans de vieux souvenirs empreints d'orgueil.

Devant la curiosité d'en savoir plus de Diego, l'âme de Colette poursuivit. Et d'autres propos empreints de sagesse tenus par Colette sur la peur et le besoin de contrôle qu'elle engendre apparurent à Diego.

---

*La peur induit le besoin de se rassurer et pour cela de contrôler. Elle demande à être apaisée. C'est à cette fin qu'apparaît le petit diable intérieur de chacun. Il peut chuchoter des solutions à l'oreille de celui qui a peur, des solutions lui donnant l'illusion qu'il a le contrôle sur la situation. Ainsi, celui qui a été traumatisé par un accident de la route, de peur d'en avoir un second, pense contrôler la situation en se crispant au volant, regardant dans le stress de tous côtés dans l'espoir que rien n'advienne, en roulant à 30 Km/H… Cela n'est en rien efficace, bien au contraire !...

… Il ne faut pas confondre contrôle et maîtrise…

Contrôler revient à chercher, à tout anticiper ou sur-anticiper pour que rien n'échappe.

Maîtriser, à l'inverse, consiste à accepter ce qu'il adviendra. Celui qui maîtrise sait qu'il saura faire face à la situation qu'il rencontrera car il aura les bons réflexes. Il n'a pas peur de ce qu'il devra affronter.

La maîtrise mène à la foi, car la foi est la confiance suprême en la vie.

*Peur, contrôle et maîtrise - Réflexions spirituelles issues d'échanges avec Colette extraites du Manuel de Déconnisation

---

L'image d'un tableau religieux (de François Boucher) représentant Jésus marchant sur l'eau et tendant la main à Saint Pierre parvint à l'esprit de Diego, avec la parole du Christ « Homme de peu de foi, pourquoi as-tu douté ? »

L'âme de Colette continua d'insuffler à l'âme de Diego la philosophie du monde.

---

*Celui qui a la foi sait que quoi qu'il advienne, il sera au bon endroit, au bon moment. Il a cette confiance en la vie et en sa vie qui le conduit à ne plus avoir peur de la mort.

*La Foi - Leçon spirituelle extraite du Manuel de Déconnisation

Dans cette dimension, que pouvait-il craindre ? A-t-on à craindre de mourir quand on est déjà mort ?

« - Le problème, quand on a toujours eu peur, est qu'elle devient avec le temps comme une bonne vieille amie qui nous dérange mais dont on ne voudrait pas vraiment se séparer… »
- Pourquoi donc ? » exprima Diego.
- Le paradoxe est qu'il est rassurant d'avoir peur !

La peur est une émotion qui prévient d'un danger, jusque-là, elle rend plutôt service... Le problème est qu'elle s'enracine, s'installe... ou plutôt c'est l'être humain qui s'y accroche et ne veut pas la laisser repartir. Elle provoque des crispations musculaires qui génèrent des réactions pas toujours très adaptées chez celui qui la ressent. Elle peut paralyser voire, elle peut amener une victime à aimer son bourreau jusqu'à le défendre face aux forces spéciales qui viennent la délivrer....
[...]

Souvent, les êtres humains vivent avec leurs peurs et finissent par s'y habituer. Comme elles préviennent d'éventuels dangers à venir, ils se cramponnent à elles, leur laissant croire à une illusion de contrôle sur les situations. Ainsi, les hommes en arrivent à considérer qu'il est normal d'avoir une boule au ventre en permanence, qui s'accentue par moment pour prévenir d'un danger... Beaucoup ont été conditionnés par cette manière d'être. Au lieu de penser : « Je n'ai pas peur car je n'ai pas lieu d'avoir peur », ils en viennent à penser : « Je n'ai pas peur, ce n'est pas normal... C'est inquiétant... Il y a sûrement un danger quelque part et la peur n'est pas là pour me prévenir !... »

Au-dessus de toutes les peurs, il y a la peur de perdre l'unité de son être. A cette peur majeure s'associent la peur de l'inconnu, du néant et la peur de souffrir. Les êtres humains connaissent tout un éventail de peurs qui sont la peur de la mort, la peur de la séparation, la peur de vieillir.

« Que vais-je devenir après ma mort ? Que vais-je devenir une fois séparé ? »

« Pitié, j'ai peur d'avoir mal… Je ne veux pas souffrir !... »

… Le problème est que l'Âme de l'univers entend les mots tant redoutés « séparation », « mal » comme une prière. C'est la fameuse loi de l'attraction. Et dans ce cas, cela conduit celui qui envoie des vibrations négatives à l'Âme de l'Univers à se confronter à l'objet de ses peurs.

*La Loi de l'Attraction - Réflexions spirituelles extraites du Manuel de Déconnisation

Sans en avoir conscience, combien de fois Diego avait-il provoqué des concours de circonstances tant redoutés ?

L'image du petit garçon timide qui répétait en lui « Pas moi... pas moi... pas moi... », tandis que le professeur scrutait la liste des élèves se demandant qui il allait interroger, lui parvint. Combien de peurs imbéciles avait-il, bien malgré lui, lancées dans l'univers comme des appels au défi ?

Il réalisait à présent l'idiotie de toutes ses petites peurs. Comment l'être humain peut-il se laisser en proie à ce qu'il appelle le stress ? Et la lumière de la connaissance vint à nouveau irradier son âme. Il comprenait comme il n'avait jamais compris ce qu'était la loi de l'attraction.

Colette lui avait pourtant expliqué de son vivant. La vieille dame vêtue de blanc aux baskets couleurs flashy lui avait dit :

L'âme de Diego buvait ces connaissances.

*« On attire des personnes qui se situent sur une même longueur d'onde que soi. Si vous êtes négatif, vous attirerez du négatif, si vous êtes positif, vous attirerez du positif... Cependant, la loi de l'attraction ne se limite pas à attirer du positif ou du négatif en fonction de vos états d'âme. En fonction de notre maturité psychique, notre rencontrons des personnes qui se situent au même niveau d'évolution spirituelle, sur la même longueur d'onde... »

*La Loi de l'Attraction – Propos de Colette extraits du Manuel de Déconnisation

Tout est interaction. « Pas de maître sans esclave. Pas d'esclave sans maître... Les pervers et perverses narcissiques passent leur chemin devant les gens qui sont affirmés, alignés, qui savent dire non. Ils sont intuitivement intéressés par d'autres qu'ils ressentent comme faibles. Comme la mante religieuse, ils se délectent d'une proie qui fera le régal de leur festin. Mais trop de facilité, trop de faiblesse chez la victime, manque de piquant...

* Réflexions spirituelles et systémiques extraites du Manuel de Déconnisation

L'image de Flavie revenait à l'esprit de Diego.

Sentir une résistance pour faire plier l'autre, dominer et assoir son pouvoir par la manipulation et l'utilisation de la peur... Ainsi les bourreaux et les victimes sont faits pour se rencontrer sur une même longueur d'onde...

La prière est un appel conscient aux énergies pour provoquer les concours de circonstances favorables et heureux. C'est un appel de l'âme à l'Âme de l'Univers pour créer de belles rencontres...

*La Loi de l'Attraction - Réflexions spirituelles extraites du Manuel de Déconnisation

« Demander la création de concours de circonstances favorables et plaisants… L'être humain sait le faire bien souvent très égoïstement dans ses prières », souffla l'âme de Colette.

« Il oublie parfois de remercier l'Âme de l'Univers pour ce qu'elle a organisé pour lui...

… De même qu'il oublie de demander pardon à l'Âme de l'Univers pour le mal et les quelques dégâts qu'il a occasionnés, volontairement ou par faiblesse... »

Soudain, l'âme de Diego zooma sur son téléphone portable, resté coincé sur le tableau de bord de sa voiture. Celui-ci se mit à vibrer affichant « Maman ». Une main le saisit.

Diego lut dans l'intention de la femme qui tenait le téléphone entre ses mains.

Il était hors de question que quiconque inquiète sa mère. Son désir de la protéger fut un appel à l'Âme de l'Univers lancé à la vitesse de l'instantanéité. Et au moment même où la femme toucha de l'index le carré vert pour décrocher l'appel téléphonique, le téléphone tomba instantanément en panne de batterie.

L'âme de Diego s'appliqua instantanément dans la pression légère exercée par des doigts sur le clavier digital d'un écran de téléphone portable. Il était le tapotement de doigts fins et féminins sur ce portable. Il était à la fois dans l'index, le majeur et l'auriculaire, comme il était dans l'empreinte imperceptible de ces doigts laissée sur l'écran. Et surtout... Il était dans l'intention du message ! Et Diego ressentait de toute son âme l'esprit tourmenté de l'auteur du message qui s'inscrivait sur l'écran du téléphone. Elsa, allongée sur son lit, écrivait à Inès, sa meilleure amie.

Les mots en eux-mêmes, sur le fond apparaissaient comme des banalités qu'une ado peut confier à sa meilleure amie, et sur la forme, ils se voulaient posés dans un langage propre aux jeunes.
Mais au-delà des mots, Diego observait l'esprit torturé de sa fille. Les longs cils d'Elsa se refermaient de temps à autres devant l'écran, montrant les signes d'une fatigue.
Vêtue d'un pull coquet qui retombait sur un jean moulant, elle se tenait à plat ventre sur son lit, calée contre l'énorme nounours que ses parents lui avaient offert quand elle avait quatre ans, tenant entre ses mains le téléphone portable, objet de toutes ses attentions.
Et l'âme de Diego lisait dans les pensées de sa fille un profond mal-être. Partagée entre l'ancien monde de l'enfance et l'envie

de se diriger vers le nouveau monde adulte, la jeune fille cherchait sa place.

Elle cherchait à exister et cela passait essentiellement par l'intention qui résidait en un mot… « Plaire ».

Diego percevait le souci de se sentir exister dans le regard de l'autre, de ses copines, en adoptant un style vestimentaire fashion, de ce garçon qui lui plaisait…

Partagée entre l'envie de grandir, le besoin de liberté, et la peur associée à la tristesse que disparaisse la petite fille qu'elle était encore un peu, Elsa souffrait profondément. Elle avait peur de perdre l'amour de son père. Elle craignait qu'en grandissant, cet amour s'éteigne avec la petite Elsa et les souvenirs de son enfance dont elle cherchait à conserver la trace.

Une lumière de compréhension illumina l'âme de Diego.
C'était une évidence ! Lui, le psychologue qui vient en aide à ses patients, et qui les éclaire sur des situations similaires, comment n'avait-il pas pu comprendre cela ?

Profondément touché, par le mal-être de sa fille, Diego comprenait qu'au-delà d'un recadrage autoritaire, nécessaire certes, elle avait surtout besoin d'être rassurée et de sentir pour cela tout l'amour de son papa.
Fallait-il mourir pour comprendre cela ? Peut-être… car l'adolescence est un âge ingrat durant lequel bien souvent, on exige plus que l'on ne sait donner. Et face aux reproches et à ces exigences qui apparaissent comme des ingratitudes, exprimés tantôt sur fond de colère et de jalousie, et avec toute l'arrogance de ce jeune âge, quel mortel ne serait pas tenté de répondre par la colère pour rasseoir son autorité ?

Avec un profond sentiment d'amour d'un père pour sa fille, il enveloppa délicatement son petit cœur procurant à celui-ci une chaleur qui se veut réconfortante. Elsa, sans vraiment comprendre pourquoi, se sentit bien. Elle déposa son téléphone portable à côté d'elle, et s'assit les jambes en tailleur, calée contre le mur qui longeait son lit, montrant un regard apaisé. Et comme un père dépose un baiser sur le front de sa fille pour partir sur la pointe des pieds, il quitta tout doucement la scène.

L'envie de savoir de Diego

Diego, léger, flottant, n'éprouvait plus la peur. Il observait cette femme qui se rongeait les ongles dans l'attroupement. Il était dans l'ongle qu'elle rongeait, dans la goutte de sueur qui s'écoulait sur son front. Il lut dans ses pensées. Dans sa condition humaine, elle avait peur, peur pour son fils qui venait d'obtenir son permis de conduire.

« Je peux me déplacer à la vitesse de l'instantanéité… ce qui me permet d'être à la fois ici et là… Comment est-ce possible ??? »

Devant toutes les interrogations de Diego, l'âme de Colette vint se fondre à l'esprit curieux et fasciné de Diego. Et l'emmenant avec elle pour assouvir sa soif de connaissance, ils s'engouffrèrent dans le tourbillon du savoir.

*L'expérience des fentes de Young

En 1801, Thomas Young, médecin et physicien anglais, réalise une expérience de physique consistant à diriger de la lumière sur deux fentes. Un écran situé derrière celle-ci récupère les projections de photons. L'alternance de parties sombres remplies d'impacts et de parties blanches dénuées de traces d'électrons laisse penser que la lumière se propage telle une onde.

Cependant, lorsque l'on projette les électrons successivement les uns après les autres, sans que cela ne puisse de ce fait donner lieu à un comportement ondulatoire, on observe le même résultat d'alternance de parties criblées et non-criblées. Cela amène à penser que le même électron passe simultanément par les deux fentes et interfère avec lui-même, ce qui donne lieu à des franges d'interférence qui se matérialisent par l'alternance de parties impactées sur l'écran.

En somme, la physique quantique met en évidence à travers l'expérience de Young qu'un même électron passe par deux fentes en même temps.

La poursuite de l'expérience met aussi en évidence une corrélation entre le comportement des particules projetées sur l'écran et le résultat observé en fonction des attentes de l'expérimentateur.

*L'expérience de Thomas Young – Physique quantique - extrait du Manuel de Déconnisation

A la découverte de Dieu

« Wwwwahhh…. Qu'arrive-t-il ?!! », s'interrogea Diego.

Diego plongea dans la mise en abîme d'un infiniment petit. Dans ce rétrécissement sans fin, il emprunta un tunnel qui conduisait à une Lumière d'Amour. Il s'approcha d'une magnifique source de Lumière que notre vocabulaire peine à qualifier tant elle était belle. Elle était divine ! Elle était Amour… Diego était comme aspiré vers elle.

Colette lui envoya des vibrations pour qu'il comprenne.

L'âme est Amour. La fusion de toutes les âmes dans l'Âme de l'Univers est cet Amour surpuissant que l'on peut connaître proche de ce que certains nomment Agape.

« Dieu est Amour »

* *Réflexions spirituelles extraites du Manuel de Déconnisation*

Diego ressentit un Amour immense et inconditionnel, bien au-dessus d'Eros et Philos, de l'amour terrestre.

Les humains trouvent un amour conditionnel dans la relation à deux. Dans la scène du couple, se jouent des jeux d'amour et de pouvoir dans lesquels chacun essaie de conjuguer son espace de liberté avec celui de l'autre. Cela passe par des concessions, des frustrations. Il faut que la maturité de chacun soit aboutie pour former un couple harmonieux. Et même au sein d'un couple harmonieux, se pose la question : doit-on tout accepter de l'autre au prix de son épanouissement personnel ? La question des limites propres à chacun se pose.

* Réflexions spirituelles extraites du Manuel de Déconnisation

Dans cette dimension de l'absolu, les limites semblaient ne plus exister. La peur d'être dominé comme l'envie de dominer étaient absentes.

Colette continua, lui adressant ce qui pouvait se traduire ainsi :
« De tout mon Amour, je vais t'expliquer Diego... Cette lumière
qui t'attire de sa chaleur d'Amour... C'est ce que les hommes
appellent Dieu, Yave, Allah... Dieu est Humilité. Il est dans
l'infiniment petit, minuscule, dans la plus petite des particules
qu'aucun scientifique au monde ne pourra découvrir. Dieu réside
dans l'infiniment petit... d'une particule de VIDE ! »

*« Le San Bao (Les trois trésors) comprend le shén (l'esprit), le jing
(la matière), et le qi (l'énergie) qui sont à l'origine du monde. »

« Par le vide, l'énergie permet le Shén Qi (l'énergie de l'esprit). Il
permet ainsi à l'esprit d'être ». Par le vide, l'énergie permet le Jing
Qi (l'énergie de la matière). Il permet ainsi à la matière d'être en
mouvement. »

« Tout naît du vide. Le vide est à l'origine du mouvement ».

*Enseignement de Jacques, professeur de médecine chinoise, extrait du Manuel de
Déconnisation

Diego eut la brève image d'une seringue sans aiguille tenue dans
une main, le pouce bouchant l'embout. Lorsque les doigts de
l'autre main tiraient sur le piston, l'appel d'air provoqué par « le
vide » occasionné, amenait le piston à se rétracter dans le tube.

Nul homme ne peut percer le mystère de la création. Pour cela, il ne faut plus être homme, il faut être âme.

Spiritualité - Extrait du Manuel de Déconnisation

Ce que Diego découvrit dépassa ce qu'il avait étudié en cours de médecine chinoise. Diego n'absorbait pas les connaissances par la compréhension de l'intellect. Il vivait ces connaissances.

Colette lui adressait un savoir absolu et Diego absorbait ce savoir.

Par le champ énergétique surpuissant qu'elle dégage cette particule de vide crée le mouvement en attirant à elle les particules qui l'entourent.

Si l'univers n'avait pas cette particule de vide dans sa composition, il ne serait qu'un agglomérat de matière figée, sans mouvement...

Réflexions spirituelles extraites du Manuel de Déconnisation

« Dieu est ''taquin'' », reprit-elle. « Tu sais ce qu'est un taquin, n'est-ce pas ? »
L'image d'un vieux taquin en plastique qu'il avait eu dans son enfance dont l'image à reconstituer était celle de Mickey lui apparut.

Le taquin est un jeu dont le but est de reconstituer l'image initiale dessinée sur un damier. Il est composé d'un ensemble de cases mobiles... Ce qui permet la mobilité des cases, c'est la case vide ! une case vide qui se déplace à chaque fois qu'elle est comblée par la matière d'une case.

Imaginons à présent que l'univers tout entier, dans son immensité soit un gigantesque taquin, dans lequel circule en permanence une particule de vide pour créer de part et d'autre des micro mouvements qui se conjuguent entre eux pour devenir des mouvements tout court...

* Réflexions spirituelles extraites du Manuel de Déconnisation

Diego n'avait pas de mal à imaginer puisque dans cette dimension de l'absolu, tout n'était qu'évidence. Se déplaçant à la vitesse de l'instantanéité, il était capable d'être à plusieurs endroits à la fois.

L'image d'un sac contenant des grains de sucre comprimés, bien tassés lui apparut. Sans vide, les grains demeurent compacts, figés, et restent immobiles. Il suffirait de retirer un grain au milieu des autres pour permettre la circulation et le mouvement des grains au sein du sac.

Et si, sur la terre et dans l'Univers tout entier, la matière était immobile car compacte à l'image de ce sac de grains, le mouvement n'étant permis que par le déplacement d'une particule de vide petite à l'infini et se déplaçant à la vitesse de l'instantané partout dans l'univers. La vitesse de l'instantanéité rendrait la particule de vide omniprésente. A l'origine de tous les mouvements, du plus grand au plus petit, la particule de vide serait à l'origine de tous les faisceaux énergétiques.

* Réflexions spirituelles extraites du Manuel de Déconnisation

« Dieu est partout. Il est en chaque être humain, en chaque animal, végétal, minéral, et autre. Dieu est omniprésent. Il est dans l'univers tout entier », émit Colette.
Il comprit.

« Dieu est partout. Il est présent dans l'univers tout entier et les éléments qui le composent... parce qu'il est cette particule de vide qui se déplace à la vitesse de l'instantanéité ! »

En se déplaçant à la vitesse de l'instantanéité, la particule de Dieu crée une illusion de simultanéité.

Quelle jouissance !!!
« Comment te remercier Colette !! »
Diego avait la sensation d'avoir percé le plus grand mystère du monde, d'avoir percé le mystère de Dieu.

La particule de vide se trouve dans une dimension supérieure à celle dans laquelle se situe l'être humain, bien au-dessus des représentations de celui-ci. Les humains, durant leur vie terrestre, seraient comme les pièces et les pions d'un jeu d'échec qui se déplaceraient, certes, de leur libre-arbitre (pas si libre que ça l'arbitre), mais grâce à la main du joueur qui régule le jeu dans son ensemble.

* Réflexions spirituelles extraites du Manuel de Déconnisation

Diego continuait d'absorber les ondes de savoir absolu de Colette.

*Concours de circonstances, coïncidences, ou encore synchronicités comme aimait les nommer ce bon vieux Carl Gustav Jung, ... Peu importe leur appellation, les concours de circonstances sont avant tout des concours d'énergie organisés par le déplacement de la particule de vide.

Toutes les âmes sont unies par la particule de vide. Elles se conjuguent et organisent les concours de circonstances. Lorsqu'un être prie, son âme rentre en connexion avec les autres âmes et se lie ainsi à l'Âme de l'univers. Elle sollicite la particule de vide qui se fait de plus en plus présente si la prière est vraie, sincère, pure et part des tripes. Le désir profond émet un souhait qui est envoyé comme une lettre à la poste vers l'Âme de l'Univers. Les âmes qui le composent créent et organisent des concours d'énergie pour réaliser à leur manière ce que l'être humain lui a demandé...

* Réflexions spirituelles extraites du Manuel de Déconnisation

Diego réalisa que dans sa vie, il avait bien souvent prié plus avec sa tête qu'avec ses tripes et son cœur...

Il y a une différence entre vouloir obstinément quelque chose avec la force du mental et désirer profondément dans un lâcher prise.

* Réflexion spirituelle extraite du Manuel de Déconnisation

« N'as-tu jamais attendu impatiemment un coup de téléphone qui ne venait pas ? Et ce même coup de téléphone n'est-il pas venu lorsque tu ne l'attendais plus ? », lui insuffla Colette.
Diego songea à tous ces moments d'impatience dont il avait fait preuve. Le stress, les frustrations, les colères, pour des choses bien futiles lorsque l'on a le recul de l'au-delà.

*La volonté issue d'une ténacité intellectuelle provient de l'intellect et permet de réaliser de grandes choses, dans les limites que propose la vie matérielle. Le désir profond qui provient de l'âme permet les belles rencontres et la réalisation des souhaits bien au-delà de la vie matérielle.

* Réflexions spirituelles extraites du Manuel de Déconnisation

Diego revoyait l'image de ses mains sur le volant de sa voiture. Le paysage défilait le long de l'autoroute. Il avait alors 28 ans. Diego était dans ses pensées, perturbé, stressé par une décision qu'il devait prendre le jour même. On lui avait proposé un autre poste de fonctionnaire dans la ville avoisinante. Il aimait la commune dans laquelle il exerçait jusqu'alors. Il aimait ses habitants mais il savait au fond de lui que s'il restait plus longtemps il ne progresserait pas. En revanche, le poste qu'on lui offrait était prometteur… mais au sein d'une équipe difficile. Le choix. Il pouvait opter pour une vie de confort sans évolution, … ou bien pour le piquant d'une vie pleine d'obstacles mais qu'il lui permettrait d'aller plus haut et plus près de ses objectifs.

Dans un moment de désarroi, les deux mains à plat sur le volant, Diego s'était mis à crier : « Mon Dieu… Je t'en prie… Qu'est-ce que je dois faire ?... Aide-moi ! Fais-moi un signe !... »

A peine venait-il de terminer sa phrase qu'un bus se rabattit devant lui… Et à l'arrière du bus, une énorme affiche publicitaire sur laquelle était écrit le slogan : « Changez de vie, changez d'emploi ! »… C'était signé Monster.fr, et devant cet énorme signe du destin, lorsqu'il alla porter sa démission le jour même, Diego savait qu'il allait devoir traverser un terrible nid de serpents, prix à payer pour évoluer.

Retour au big-bang

L'âme de Diego fut à nouveau aspirée par l'irrésistible source de lumière. Parcourant ce qui ressemblait à un tunnel, Diego flottait comme de l'air près de cet immense soleil blanc. Les âmes de ses grands-parents maternels et paternels étaient présentes. Et il y avait aussi l'âme de Jean François, son parrain décédé il y avait plusieurs décennies, de Romain Pacalier, son prof de judo, et d'autres âmes encore. Il avait rencontré certaines d'entre elles dans son parcours terrestre. D'autres, bien qu'inconnues lors de ce chemin de vie terrestre, lui étaient familières.

Aucune d'entre-elles n'avait forme humaine, aucune d'entre-elles n'avait gardé un quelconque détail de son enveloppe charnelle. Elles étaient des présences. Pourtant, elles se reconnaissaient avec évidence.

Et les âmes de Daniel et Colette, proches de l'âme de Diego de tout leur amour, lui insufflèrent un nuage d'évidence. Il reçut cela comme un message d'amour et eut la pensée jouissive de comprendre.

*Tout est cycle de condensation et de dispersion. Par la condensation, l'unité se crée, puis par la fragmentation, elle se désunit et se disperse...

Les trous noirs ne font pas disparaître la matière. Ils l'absorbent et la condensent à un point tel que si la terre était aspirée par l'un d'entre eux, elle se retrouverait compactée et réduite au volume d'une orange. Condensée à l'extrême, la matière serait pulvérisée puis recrachée de l'autre côté du trou noir. Elle exploserait et se disperserait dans l'univers... C'est le Big Bang. Les particules de poussière se dispersent en un premier temps, puis se regroupent entre elles dans l'espace pour former les planètes, tout comme les particules de poussière se regroupent dans une chambre pour former des moutons...

... Certaines planètes sont ainsi encore à l'état gazeux, tandis que d'autres ont pris une forme solide... Et ceci jusqu'au prochain Big Bang...

... Il en va ainsi du cycle de l'eau. Par le réchauffement, les molécules d'eau se désunissent, s'élèvent et se dispersent. Elles s'évaporent. Puis elles se regroupent dans un nuage. Par la condensation, les molécules d'eau s'unissent. Elles forment des gouttes qui retombent en pluie...

* Réflexions spirituelles extraites du Manuel de Déconnisation

La célèbre maxime de Lavoisier, *Rien ne se perd, rien ne se crée, tout se transforme,* prenait du sens comme jamais elle n'en avait pris.

… Quand les êtres humains parlent de réincarnation, ils en parlent comme si l'âme et l'esprit du défunt quittaient le corps de celui-ci, et restaient tels quels pour en investir un autre. Cela est dû à la grande peur de l'être humain de perdre son unicité et à son incapacité de concevoir les choses en dehors de son propre référentiel.

Lorsque les molécules d'eau s'assemblent pour former une goutte, et que cette goutte rejoint la mer, pour poursuivre le cycle de l'eau, est-ce la même goutte d'eau qui se forme à nouveau après évaporation ?

… Les molécules d'eau de cette goutte se désunissent pour faire union avec d'autres et former une nouvelle goutte. Il en est de même pour l'âme. Ainsi l'âme de chaque être est un nouvel assemblage de particules d'âmes.

… Une équipe nationale de basket peut se former avec 40 % de joueurs ayant joué ensemble dans une même équipe précédemment et auxquels vont se joindre des joueurs provenant d'ailleurs… Il en est de même pour la formation d'une nouvelle âme… Et de la même manière que chaque équipe est unique, chaque nouvelle âme formée est unique. Et lors de la dissolution d'une belle équipe, l'être humain est attristé car il sait qu'il retrouvera d'autres équipes mais jamais une identique à celle-ci… Et il en est de même pour l'âme...

Et plus encore... l'être humain ne peut que constater que son corps vieillit. Il ne peut échapper au fait que certaines cellules de son corps quittent l'unicité de celui-ci tandis que d'autres prennent naissance sur ce corps, creusant les rides et les pattes d'oie, formant des tâches de vieillesse sur la peau, amenant les cheveux à grisonner, à blanchir, voire à tomber.

Il ne peut faire autrement que d'observer tout cela car tout cela se voit... Et pourtant... De la même manière que cette même équipe de basket perd certains de ses joueurs et en gagne d'autres au fil de ce que les humains appellent le temps, l'âme évolue, son unicité change de forme... avant d'éclater et de se disperser de l'autre côté du tunnel...

* Réflexions spirituelles extraites du Manuel de Déconnisation

L'âme de Diego réagit : « Mais... Et toi Colette ?... Comment se fait-il que tu aies gardé l'unicité de ton âme ?

De toute la douceur de son âme, Colette insuffla : « Il arrive que certaines âmes, ayant formé une belle équipe, par la sagesse absolue, choisissent de garder les particules d'âme qui les composent pour accompagner et éclairer d'autres jolies âmes en cours de maturation... »

Colette envoya un souffle de lumière à Diego.

A la fin de son parcours de vie terrestre, l'âme quitte sa prison corporelle pour se disperser et se fondre dans l'Âme de l'Univers. Comme à la fermeture d'une association sportive, ses adhérents se désunissent pour se fondre dans d'autres sphères... Toutefois, il y a des équipes qui gardent leur unité, perdurent après la fermeture du club. Ce sont les belles équipes, qui au-delà de la vie associative, ont su gagner une force de cohésion par l'Amour suprême. Comme ces magnifiques équipes, comme la goutte d'huile qui garde sa cohésion dans le récipient d'eau, les belles âmes qui ont su développer la force de leur amour durant leur vie terrestre, conservent dans l'au-delà l'union de leurs particules.

* Réflexions spirituelles extraites du Manuel de Déconnisation

« C'est ce que les chrétiens appellent la vie éternelle », pensa Diego.

La puissance des mots de Colette emplit l'âme de Diego d'une étrange et étonnante chaleur d'amour.
Et comme un enfant admiratif devant son père, sa mère, ou je ne sais quelle belle personne, de toute son âme, Diego laissa échapper : « Colette, tu es une belle âme ! »
L'âme de Diego comprit qu'elle faisait partie de ces jolies âmes en cours de maturation. Accompagnée par l'âme de Colette, elle

gardait son statut d'élève, qui par l'essence même du mot lui signifiait qu'elle avait encore à s'élever.

L'être humain pense qu'il est unique et qu'il en résulte une pensée unique. Ce n'est pas faux !... Mais il oublie comme tous les êtres humains que cette pensée unique est le fruit de plusieurs particules d'âme qui se sont regroupées et conjuguées pour n'en former qu'une, devenant unique, et que cette âme a investi un corps, qui lui-même est un agglomérat et la conjugaison de plusieurs cellules et particules...

... Et cette âme habitant ce corps, tous deux uniques dans leur composition se conjuguent eux-mêmes avec l'Âme de l'univers et la matérialité terrestre et planétaire et tous leurs habitants...

* Réflexions spirituelles extraites du Manuel de Déconnisation

L'image d'un patient schizophrène parvint à l'esprit de Diego.
« Et si la folie des schizophrènes n'était en fait que la mauvaise cohabitation de différentes parties d'âmes fragmentées, morcelées, n'ayant pas réussi à trouver leur unicité ?... »

Diego eut une pensée pour son père : « Une pauvre âme… Voilà ce qu'il fut, une pauvre âme, plus à plaindre qu'à haïr ou à maudire. » L'âme de Colette acquiesça et ajouta : « Les particules qui constituent chaque âme forment parfois de belles équipes à l'image de la NBA. Mais il existe de pauvres équipes faites de branquignoles et de bras cassés qui ne s'entendent pas même entre eux. Notre âme évolue avec le temps. Elle perd certaines de ses particules comme des pellicules de peau morte, et en gagne d'autres. Comme une équipe perd certains de ses joueurs et en gagne d'autres. Elle perd et gagne en pertinence en fonction de ces mouvements. »

Dans cet état où tout est possible et où les réponses jaillissent sans même qu'on ait besoin de poser la question, Diego se rendait à l'évidence à quel point l'être humain est étroit d'esprit.

L'être humain a tendance à imaginer ce qui lui est inconnu en se référant à lui. Son imaginaire reste limité à ce qu'il connaît.

Il lui est difficile de concevoir Dieu autrement que comme un homme. Il serait d'ailleurs préférable de dire que l'homme a façonné Dieu à son image, et non l'inverse. C'est pour cela qu'il se trouve un ambassadeur de Dieu qu'il idolâtre quelles que soient les religions. De Zeus à Jésus, Dieu est incarné, et apparaît sous les traits d'un homme car il est trop compliqué pour l'homme de concevoir Dieu dans l'abstrait.

L'être humain se limite à répondre aux grandes interrogations en se cantonnant aux limites de son savoir de façon très égocentrique.

Les extraterrestres existent-ils ? C'est une évidence... Quelle prétention que de penser être seul et unique dans une immensité infinie... Jadis, les hommes vivant sur le continent européen pensaient que la terre était plate et que de l'autre côté de l'océan était le néant. Quelques siècles plus tard, l'être humain reste toujours aussi egocentrique et idiot.

Et s'il accepte l'idée d'une vie sur une autre planète, il ne peut s'empêcher de penser que cette vie serait sur la planète la plus proche en ressemblance de la terre, d'où l'hypothèse d'une vie extraterrestre sur Mars, les fameux Martiens. Pourquoi ne pas accepter l'idée d'une vie sur une planète inconnue se trouvant dans un système solaire inconnu lui-aussi. Bien-sûr, il ne peut s'imaginer la vie extraterrestre que comme une créature ayant quatre paires d'yeux, une bouche énorme et des tentacules à la place des jambes, car il ne peut concevoir qu'il puisse exister d'autres sens que ceux qu'il connaît.

Pourtant, d'autres formes de vie, ce sont aussi d'autres formes de manières d'être, d'autres manières de percevoir le monde, que celles qui se rattachent à son référentiel…

Les dauphins et les chauves-souris ont un sonar qui leur permet de capter les reliefs. L'être humain comprend ce fonctionnement, et il est capable de créer un sonar pour permettre à un sous-marin de détecter les reliefs marins. Mais il ne peut savoir les sensations que cela procure d'avoir un sonar intégré en soi… Pour cela, il lui faudrait être dauphin ou chauve-souris et envoyer des ultrasons.

Il est difficile pour l'être humain de se décentrer de lui-même.

Parfois, il se trouve stupéfait lorsqu'il observe le règne animal. La reproduction ne se fait pas chez tous les êtres comme elle se fait chez les êtres humains avec la rencontre d'un mâle et d'une femelle qui transmettent la vie à un nouvel être.

La reproduction de certaines espèces se fait par boutures. Chez les escargots, pas de mâles, pas de femelles... Il suffit d'être deux pour se transmettre une semence... Quant au labre à tête de mouton, ce poisson très particulier apprend aux hommes qu'il existe des manières d'être bien étranges chez les autres animaux que lui. Le labre à tête de mouton mâle, avec son gros menton et son énorme bosse sur le front, s'impose face aux autres mâles dans son harem de poissons femelles, ce qui est commun à beaucoup d'espèces animales. Il copule avec chacune d'entre elles. Et certaines femelles de plus de dix ans, ne montrant guère plus d'intérêt pour le mâle dominant s'exilent. Leur aspect physique change alors. Leur menton se met à grossir et sous l'augmentation de leur taux d'hormones masculines, une bosse se fait de plus en plus proéminente sur le front. Le labre à tête de mouton femelle est devenue mâle et s'apprête même à rivaliser le mâle dominant.

*Réflexions spirituelles extraites du Manuel de Déconnisation

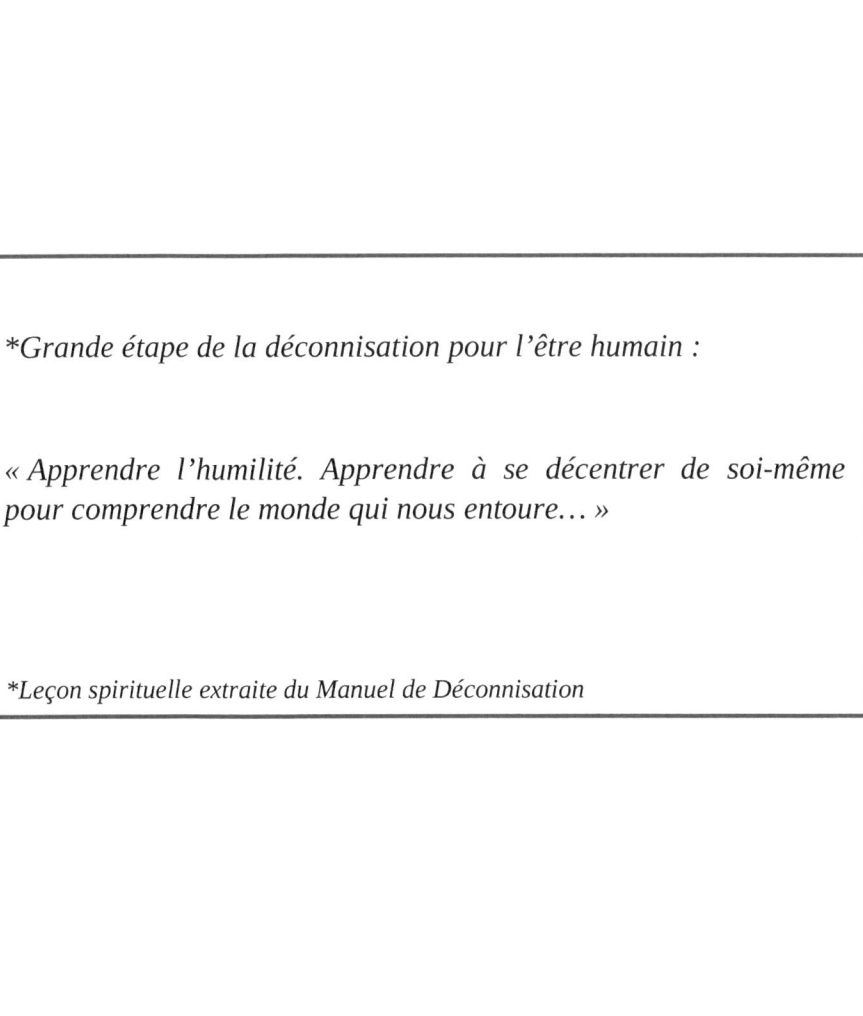

*Grande étape de la déconnisation pour l'être humain :

« Apprendre l'humilité. Apprendre à se décentrer de soi-même pour comprendre le monde qui nous entoure… »

*Leçon spirituelle extraite du Manuel de Déconnisation

Le temps

« Malheureusement, l'être humain ne semble pas prêt… », lança Colette.

Colette lui fit le magnifique cadeau de se rassasier une fois de plus en perçant un des plus grands mystères de la vie.

L'être humain cherche à rationaliser, à intellectualiser le monde dans une volonté de contrôle. Il en est ainsi du temps. L'illusion de contrôle lui donne l'impression de pallier ses angoisses de mort, d'être désuni, morcelé après la vie terrestre. Pour rationaliser, il cherche à comprendre le monde et les 98% d'obscurité qui le composent en se tournant vers les 2% de lumière qui lui fournissent des éléments de connaissance.

Pour se rassurer, l'être humain a cette tendance à chercher des repères stables. Ayant repéré des cycles, il a rationalisé les choses pour déterminer que le cycle de la terre tournant autour du soleil s'appellerait une année. Passant par deux solstices et deux équinoxes, on pourrait diviser cette année en douze mois. A l'intérieur de chaque mois, une journée correspondrait au cycle de la rotation de la terre sur elle-même en prenant pour point de repère le soleil. Et l'être humain a découpé cette journée en 24 pour en faire des heures, et les heures pour en faire des minutes, et les minutes des secondes… etc.

Et l'être humain a pris ces références et s'est mis à compter tout cela, en appelant ça le temps. Ce que l'homme appelle le temps n'est au final que des comparaisons de mouvements entre eux. Observant des changements sur lui-même et ses proches, sa peau vieillissante et les rides se creusant, il en a conclu que le temps passe et que l'on vieillit.

Inscrivant en sa mémoire ses expériences via son ressenti et son intellect, il a déduit trois points de repère : le passé, le présent et le futur.

Albert Einstein avait perturbé la pensée humaine en posant les prémices de cet absolu avec sa conception de la relativité du temps.

Devant se résoudre à admettre qu'il n'y avait pas une horloge universelle qui régissait le même temps pour tous, mais que chacun avait sa propre montre indiquant un temps qui lui était propre, l'être humain se trouvait désarçonné par ce constat contre-intuitif.

Le temps n'existe pas, ou plutôt le temps n'a pas la même définition dans un absolu en dehors de la vie terrestre.

*Réflexions spirituelles extraites du Manuel de Déconnisation

Le temps n'était qu'une illusion sur laquelle l'être humain avait bâti son monde et Diego s'en rendait à l'évidence à présent qu'il était dans un lâcher prise total.

Seuls l'instant présent, l'envie et l'intention existaient en ce lieu où le temps n'avait pas tout à fait la même importance. En fait, il n'y avait ni passé, ni futur, seulement du mouvement. Après tout, ces concepts de passé, présent, futur n'étaient que des concepts inventés par l'homme.

L'esprit de Diego buvait les explications de Colette.

Diego eut l'image furtive de sa mère, oppressée, regardant sa montre. Si elle savait... A quoi sert-il de stresser pour être à l'heure lorsque les heures n'existent pas plus que les minutes et les secondes.

Lorsque l'image du soleil parvient jusqu'à nos yeux, celle-ci est périmée de 8 minutes et 19 secondes.

Réflexion spirituelle extraite du Manuel de Déconnisation

« Nous vivons dans du périmé ! », pensa Diego.

Diego avait déjà eu cette idée, mais cette affirmation qui n'était que purement intellectualisée devenait à présent une évidence.
« Quel paradoxe ! L'être humain pense que ce qu'il appelle paranormal n'est que fiction, alors que ses sens et sa

compréhension des choses l'amènent à baigner continuellement dans de l'illusion », pensa-t-il.

L'âme de Colette lui souffla les propos inscrits dans le Manuel de Déconnisation. Des pensées jaillirent de part et d'autre jusqu'à l'âme-esprit de Diego.

De la même façon que l'image du soleil, toutes les images qui nous parviennent sont périmées. Bien que la péremption soit infime, car la distance plus courte, elle est bel et bien là.

Tout ce qui parvient à l'être humain par ses sens, que ce soit la vue, l'ouïe, l'odorat, le goût, le toucher... tout est périmé ! Tout n'est qu'illusion ! Et c'est sans compter le temps de décodage qu'il faut à l'être humain pour décoder la sensation qui lui parvient...

Explications spirituelles extraites du Manuel de Déconnisation

« L'homme croit vivre dans le présent alors que le présent comme le passé et l'avenir ne sont qu'illusion !... C'est extraordinaire !! »... Diego était en train de capter tout cela.

La pensée de voyager dans ce que les humains appellent le temps parvint à l'âme-esprit de Diego comme une révélation. « Et n'as-tu jamais eu l'impression d'un déjà vu Diego ? N'as-tu jamais été conduit par tes pressentiments ? », lui souffla Colette.

Dans un absolu où tout est possible, si un mouvement inverse permettait de remonter le temps, les êtres humains ne se souviendraient de rien. Ils garderaient peut-être la vague intuition d'un déjà-vu.

Ce qui était souvenir, deviendrait alors intuition, de même que ce qui était prémonitions ne deviendraient que souvenirs.

Réflexions spirituelles sur le temps extraites du Manuel de Déconnisation

*Rien ne va plus vite que la vitesse de la lumière selon Albert Einstein. Avec tout le respect que l'on doit à Tonton Einstein pour son génie, cette affirmation présomptueuse pourrait être remise en question autant qu'ont pu l'être tant d'autres avant que la science et l'histoire ne démontrent leur désuétude ou leur limite. Ainsi, après que l'on ait prétendu que rien n'était plus petit qu'un atome, l'être humain a découvert l'électron...

La lumière garde une constance dans sa vitesse peu importe le référentiel. Dans l'absolu, un élément garderait une constance dans sa vitesse peu importe le référentiel dès lors qu'il attendrait **au minimum**, la vitesse de la lumière. Ce n'est pas parce que l'être humain n'a pas encore pu observer quelque chose de plus rapide que cette chose n'existe pas. En l'occurrence, en 1964, le physicien Gerald Feinberg a imaginé l'existence de particules qui évolueraient en permanence au-dessus de la vitesse de la lumière, les « tachyons ».

L'âme et toutes les particules d'âme qui la composent sont plus rapides que la lumière. C'est pourquoi l'âme dépasse les lois physiques connues, et est ainsi capable de voyager dans le temps, c'est-à-dire dans ce que les terriens appellent « passé » et « futur ».

Car pour l'âme, le temps n'existe pas.

*Réflexions spirituelles sur le temps extraites du Manuel de Déconnisation

« Pour ceux qui savent écouter leur cœur, pour ceux qui sont alignés, l'âme peut se connecter à l'Âme de l'univers, faire des allers-retours dans l'espace et dans ce que les hommes appellent le temps, comme tu viens de le faire, ramenant à l'esprit certaines informations... », lui insuffla-t-elle.

La réalité n'est pas où l'être humain le pense. Elle est dans l'au-delà, tandis qu'il baigne au quotidien dans l'illusion que lui offre sa vie terrestre.

Réflexions spirituelles extraites du Manuel de Déconnisation

L'âme-esprit de Diego s'extasiait par ces découvertes qui faisaient écho à sa soif de connaissances.

Une pensée s'imposa :

« Il faut donc mourir pour comprendre... »

Réflexion spirituelle extraite du Manuel de Déconnisation

« Encore une chose Diego », insuffla l'âme de Colette
l'entraînant doucement avec elle.
Il sentit alors la présence d'une autre âme qui n'était autre que
l'âme de son père.

Il avait raison de dire « A la prochaine »..., nous y sommes !

Elle avait été une âme en souffrance, une pauvre âme étouffée
par un ego démesuré… mais à présent libérée des réalités
terrestres, elle était paisible, et d'autant plus paisible qu'elle se
sentait pardonnée et comprise en profondeur par celui qui avait
été son fils durant cette vie sur terre.
L'âme de Gérard envoya alors à son fils une onde d'amour. Et
avant de repartir, vers la grande Lumière d'Amour, il lui adressa
un dernier message.

L'image de son père parvint à son esprit. Soudain, Diego eut un
éclair de compréhension. Tout devenait limpide.
Il le revoyait, sur son lit d'hôpital, essayant de lui délivrer un
message.
        «..e.i.e….ai………..e..e…ai……..e..e….a…u……on……
o..a..e…. e..e…ai……..e..e…..a….u……on……o..a..e… »…

???.............

Ce jour-là, dans la chambre d'hôpital, M. Gérard Delavaga

revenait de sa propre expérience de mort imminente. Il s'était quelque peu déconnisé, purifié juste avant de mourir définitivement. Son âme avait voyagé... voyagé jusque chez Diego !... Et là, il avait vu Célestine. Son âme l'avait vu récupérer le vieux portable de Diego pour aller voir ses anciens messages. Il l'avait vu, effondrée, tenant dans ses mains le petit appareil numérique, lisant chaque SMS qu'il avait échangé avec Maryline.

Diego aimait Célestine. Il avait cherché à lui cacher ce passé sulfureux. Il avait pensé enterrer ce passé dans un coin du jardin, pensant qu'il disparaîtrait avec le temps, lui laissant la chance de s'offrir un nouveau futur.

Mais il est ici une autre vérité que lui avait énoncée Colette : « On est à l'école de la vie sur terre. On expérimente, on fait des erreurs... Et quand on fait des erreurs, on doit les assumer. »

Rien ne sert de fuir les conneries faites, elles nous reviennent à la figure d'une manière ou d'une autre... et parfois d'une façon inattendue.

Ce jour-là, sur son lit d'hôpital, son père avait essayé de lui dire.
«..é.i.e....ai...........e..e...ai........e..e.....a....u......on......
o..a..e.... e..e...ai........e..e.....a....u......on......o..a..e... »...

???............. !!!!

Et Diego mit des consonnes là où il en manquait rendant le message de son père compréhensible. Et tout prit du sens.

« Célestine   Sait.........eLLe Sait.....eLLe a Vu Ton
PoRTaBLe...
eLLe Sait .....eLLe a Vu Ton PoRTaBLe... »

Les deux âmes échangèrent ce qui aurait pu se traduire en deux phrases des plus simples qu'il soit.

« - Merci papa, je comprends à présent. Je t'aime très fort.

- Je sais… Je t'aime mon fils. Je suis fier de toi… »

Et l'âme de Gérard se dispersa dans la grande Lumière d'Amour.

Diego avait compris qu'il pouvait avoir une action directe mais limitée sur les hommes. Il pouvait pénétrer furtivement l'esprit laissant derrière son passage la trace d'un ressenti. Et ce ressenti, semé comme une graine, pouvait germer, pour devenir une idée de plus en plus consistante... Ainsi, certains rêves deviennent des projets. Et parfois même, certains projets se réalisent. Il arrive que la petite graine semée dans l'esprit d'une personne, en germant amène la prise de conscience. Elle y dépose parfois un sentiment de regret, qui grandissant, amène l'envie d'aller vers l'autre pour demander pardon et renouer un lien perdu. Mais les individus gardent leur libre-arbitre, et leur ressenti, pollué par leur intellect et leur orgueil, ne laisse pas toujours la possibilité à la petite graine de grandir.

Il se rendit à nouveau auprès de sa fille endormie, dans ses rêves. « Il lui apparut mourant sur un lit d'hôpital, prononçant les mots : « Cesse de te mentir, je t'aime autant que tu m'aimes...Je ne suis pas éternel Elsa... C'est maintenant qu'il te faut surmonter ton orgueil, après il sera trop tard... Ne prends pas le risque de regretter... »

Fruit d'un combat intérieur acharné entre amour et orgueil, une larme coula le long des joues de l'adolescente.

Diego comprit qu'il avait le choix. Devant la grande Lumière d'Amour, c'était le moment de choisir. Ou bien, il pouvait réintégrer son corps et poursuivre sa vie terrestre jusqu'à ce que la mort et la grande Lumière d'Amour le rappelle, cette fois-ci définitivement... Ou bien, il pouvait choisir de rejoindre l'Âme de l'Univers. Une fois le tunnel franchi, confondu à la grande Lumière blanche il se disperserait pour se fondre à l'Âme de l'Univers. Il n'éprouvait pas les peurs humaines de désunion et dispersion. Bien au contraire, dans cet état hors-norme, il était comme enivré d'une sensation plus qu'agréable.

Et son esprit continuait de maintenir le lien entre son âme et son corps, par sa soif de comprendre.

« Certaines âmes gardent leur unité, comme l'âme de Colette et de Daniel, et effectuent des va-et-vient entre l'Âme de l'Univers et le monde terrestre car elles gardent une attache à celles et ceux qu'elles aiment... »

C'était une évidence pour l'âme de Daniel et l'âme de Colette. Et ça l'était aussi pour l'âme de Diego.

Colette lui délivra un dernier message.

Il est important de se pardonner à soi-même pour être en paix.

Propos de Colette extraits du Manuel de Déconnisation

Sans douleur, sans peur, sans la tristesse que l'on connaît sur terre dans les au revoir, juste dans un langage d'Amour, elles s'éloignèrent doucement pour se dissiper.

… et dans un fulgurant mouvement d'aspiration...

CHAPITRE III

LE RETOUR

Un retour en douleur

« Aaaahhh !!! »

Diego ouvrit brusquement les yeux.

« Ca y est ! Il revient ! », s'exclama l'infirmière.

« Putain ! … 2 minutes 36 en arrêt cardiaque ! On a bien failli te perdre mon gars ! »

Il y a ainsi, comme dans les rêves, des secondes qui paraissent des minutes et des minutes qui semblent être des heures voire des journées et plus encore.
Le temps lui était apparu comme suspendu.

Il avait vu un reportage dans lequel témoignait l'astronaute Thomas Pesquet qui avait séjourné plusieurs mois dans l'espace. Malgré les exercices physiques quotidiens, ses muscles avaient fondu et les os de son squelette s'étaient affinés. En apesanteur, la sensation de légèreté du corps flottant était omniprésente. De retour sur terre, il lui avait fallu de longues semaines pour se réadapter. Ce n'était pas seulement l'équilibre et la marche qu'il lui avait fallu retrouver. C'était toutes ces habitudes dont nous ne nous rendons plus compte au quotidien, que les astronautes perdent une fois dans l'espace. Il avait oublié le poids de cette force qui pesait sur ses épaules et le tirait vers le sol.

« Je comprends les astronautes ! », pensa Diego.

Après avoir connu la liberté absolue, voilà que son âme réintégrait un corps trop étroit pour elle.

Il voulut se redresser lorsqu'il fut pris d'une douleur vive aux cervicales. « La douleur physique, rien de tel pour se rappeler que l'on est bien vivant ! », pensa Diego.

Le médecin entra dans la chambre d'hôpital accompagné de son assistant et d'une infirmière.

« - Comment va Monsieur Delavaga ?

- Très bien, merci Dr Rimboud, répondit Diego.

- Et bien… Vous revenez de loin !... », s'exclama le médecin.

« S'il savait à quel point », pensa Diego.

Il lut dans l'âme du médecin qu'il ne servirait à rien de lui expliquer.

Ce dernier afficha un sourire.

« Vous allez pouvoir rentrer chez vous dès demain. »

Le jeune interne quitta son bloc-notes des yeux pour le regarder et lui renvoyer le même sourire que son tuteur, tandis que l'infirmière continuait à vérifier les documents dans lesquels se trouvaient les constantes du malade.

« Vous avez de la chance Monsieur Delavaga, vous voilà prêt pour une deuxième vie ! »

Et Diego pensa : « Une deuxième vie implique une deuxième mort…»

Une larme s'écoula le long de sa joue gauche sous le regard déconcerté des trois soignants.

Diego savait que de cette deuxième mort, il ne reviendrait pas. Du plus profond de son corps et de son âme, il savait qu'il avait encore un bout de chemin à faire pour contribuer au Grand Édifice en mettant ce « je ne sais quoi » de pierre dans cet immense mur. Ce « je ne sais quoi »… une pierre qui au regard du monde resterait un grain de sable minuscule… mais c'est avec de petites choses que l'on fait les plus grandes œuvres, et parfois même, les miracles qui font la beauté de ce monde.

Les soignants, troublés par ce qu'ils appellent une abréaction dans leur langage, marquèrent une pause. Le Dr Rimboud rompit cet instant de silence en se tournant vers l'infirmière : « Il est encore un peu sous le choc de ce qui lui est arrivé… Si besoin, vous lui administrerez du Sérésta* (*anxiolytique) ».

Marquant une pseudo empathie apparente, les trois soignants se tournèrent vers Diego, au pied de son lit, affichant un sourire compatissant.

« Allez Monsieur Delavaga, vous allez reprendre encore quelques forces aujourd'hui, et demain vous êtes chez vous ! », dit le médecin.

Celui-ci se tourna vers l'infirmière et son interne pour demander qui était le patient suivant.

Et ils sortirent tous trois de la chambre.

Le temps fut long dans cette chambre d'hôpital. Pour autant, Diego ne marqua aucun signe d'impatience comme il aurait eu tendance à le manifester autrefois.

Malgré cela, le temps était devenu une notion bien désuète pour Diego. Il repensa à une personne handicapée mentale pour laquelle la conception du temps n'existait pas. Elle avait « clashé » car elle était arrivée en retard au petit déjeuner et n'avait pas été servie. Les éducateurs s'évertuaient à faire qu'elle intègre les heures et les minutes. Mais en vain… Elle ne retenait que l'ordre dans lequel allaient s'enchaîner les différentes activités prévues pour elle dans la journée sans rien comprendre du temps imparti pour chacune d'entre-elles...
Peut-être était-elle dans le vrai ? Au final, ce n'est pas parce que l'on est une majorité à croire en la même connerie que ce n'est pas une connerie. Peut-être faut-il apprendre à se décentrer de soi-même et de ses propres normes…

Devant le téléviseur accroché sur le mur blanc de la chambre d'hôpital, il regardait une émission dans laquelle de vieux chanteurs des années 70 discutaient sur un plateau télé de leur époque glorieuse, il y a quarante ans, cinquante ans de cela.
L'un d'entre eux, le visage bouffi, des lunettes noires, semblait vouloir dissimuler les effets du temps qui passe en cachant sa calvitie sous une pseudo chevelure blonde artificielle pour garder l'aspect du rocker d'autrefois. Il discutait du bon vieux

temps, de l'Olympia, des fans, avec l'animateur et une artiste de la même génération, au visage lifté et lèvres gonflées au botox. Des photos d'eux sur scène aux côtés d'autres célébrités, et des extraits de film dont la qualité de la couleur passée reflétait une ambiance et une époque, illustraient l'histoire des stars en évoquant de bonnes vieilles anecdotes.

Diego pensa que la conception du temps avait énormément évolué au fil des générations. A une ère où la vidéo permet de stocker en mémoire tout ce qui se rapporte à notre époque, on peut voir d'une manière flagrante l'évolution du temps qui se traduit par des changements de mode vestimentaire, des pattes d'éléphant des années 70 aux cheveux explosés assortis du maquillage et des postures typiques des années 80. Il suffit d'un détail dans un film, comme l'utilisation de téléphones portables à clapet ou avec une petite antenne pour que l'on situe ce film dans une chronologie temporelle, et qu'un film futuriste ne soit plus crédible... Au moyen âge ou à la Renaissance, les êtres humains n'avaient sûrement pas la même conception du temps qui passe. Pour les plus riches, seul un portrait peint d'un aïeul, permettait peut-être de garder en mémoire le grand-père et son style vestimentaire... « On vit une drôle d'époque ! », conclut Diego.

La sérendipité réside dans le fait de faire une trouvaille inattendue, par hasard, au détour d'une recherche. Ainsi, la tarte Tatin est née d'une maladresse d'une des deux sœurs Tatin, qui voulait confectionner sa spécialité, une tarte aux pommes.

Ce fut sans aucun doute sur le principe de la sérendipité que Diego avait rencontré Célestine. Car, ce fut au moment où il avait fini par se résoudre à ne plus croire en l'amour, ou du moins, à ne plus le chercher, que le Grand Amour était venu à lui.

A présent qu'il comprenait qu'il avait été égoïste et à quel point elle avait pris sur elle, sachant qu'il l'avait trompée, il se sentait honteux.

Cette femme avait de l'amour à revendre. Comment avait-elle pu lui pardonner et être encore là à ses côtés pour le soutenir ? Elle ne voyait que le bon en lui, y compris ce qu'il y avait de bon et que lui-même n'arrivait à percevoir. Admiratif devant son immense qualité du cœur, il l'aimait d'autant plus.

En apprenant qu'il était malade, combien de femmes seraient restées à ses côtés ? C'est dans ce genre d'épreuve que l'on mesure l'amour vrai. Des « Flavie » et autres femmes aux mêmes profils lui auraient sans doute envoyé un texto du genre : « J'ai appris que tu étais à l'hôpital. Aïe ! Pas facile ! Tiens bon et prends soin de toi ! Bon rétablissement », et sans demander leur reste auraient poursuivi leur route à la recherche d'un autre compagnon.

Célestine était là, assise sur le rebord du lit d'hôpital, lui caressant tendrement la main.
Il avait la curieuse sensation, sans lui en avoir parlé, d'avoir fait un même rêve... Et lorsqu'il s'apprêta à lui demander pardon, et si malgré tout elle l'aimait, elle appliqua délicatement son index sur ses lèvres en souriant et lui murmura : « C'est une évidence... »

Et ils s'embrassèrent tendrement.

Puis ce fut le traditionnel défilé des visites dans la chambre d'hôpital.

Sa mère accompagnée de sa sœur toquèrent et ouvrirent doucement la porte de sa chambre. Nanette laissait toujours échapper autant de stress de sa personne. Elle parut soulagée de le voir sain et sauf. Il était certes sur un lit d'hôpital mais il était en bonne santé et c'était l'essentiel ! Oriana, de nature introvertie, ne disait rien. Elle était là en soutien de sa mère et pour celui qui sait prêter attention à ce genre de chose, on pouvait lire dans son regard qu'elle était touchée. Même si les relations avec son frère avaient manqué de complicité, voire n'avaient pas toujours été bonnes, elle était affectée par une tristesse indéfinissable dans cette atmosphère médicale.

A peine arrivée, Nanette, dont la nature énergique lui rendait impossible le fait de se poser ne serait-ce qu'un instant, pensait déjà à repartir. Elle avait eu ce qu'elle voulait : elle était rassurée sur l'état de santé de son fils.

« Bon, et bien il ne va pas trop mal ! », dit-elle sur le ton de l'humour en lançant un regard complice à Célestine. Puis elle évoqua ses peurs de tout, le risque d'orage, la peur d'une circulation trop dense, le souci d'être en retard à un rendez-vous avec la responsable d'une association humanitaire dans laquelle elle s'était engagée…

Elle était à la retraite et se sentait malgré tout encore sous l'emprise de la hiérarchie imbécile instaurée par une petite association humanitaire.

Diego observait le comportement stressé de sa mère avec d'autant plus de recul et d'étrangeté, lui qui avait été le voyageur d'une dimension où le temps n'existe pas.
Mais au lieu d'être contaminé par l'attitude stressée et stressante de sa mère, il se contenta de penser :
« Ma mère n'est pas dans l'instant présent, elle est toujours dans ''l'après''... Elle est comme ça... »

Puis ce furent les visites des amis de Diego, Dédé et Marie, Cécile et Lionel, Alexia et Franck, et quelques autres, entre quelques coups de téléphone et messages laissés par Raymond, Sébastien et ceux qui ne pouvaient pas se déplacer.

« Tiens... Je ne pensais pas qu'il y avait autant de personnes qui m'aiment... », pensa-t-il.
A ses yeux, seule sa fille manquait à l'appel.
Encore une fois, « C'est comme ça... », se contenta-t-il de penser.

Il était aux côtés de Célestine sur le chemin du retour. Elle conduisait tranquillement le vieux Duster lorsqu'un automobiliste déboula devant la voiture provenant de je ne sais où. Le chauffard klaxonna comme s'il était inadmissible de s'arrêter au feu rouge. Il disparut au loin avec son lot d'insultes et son visage haineux, laissant derrière son passage un message pour Diego qui aurait pu se transcrire en ces mots : « Chers passagers, votre vol retour à la vie terrestre est arrivé à destination. En ce 22 août 2020, il est 11H42 minutes et la température au sol est de 28 degrés Celsius. Les gens sont toujours aussi cons. Nous vous souhaitons un agréable séjour. » D'une nature impulsive, Diego aurait réagi au quart de tour autrefois, s'enflammant et proférant des injures et insultes à l'égard du chauffard. Il se surprit curieusement à réagir de façon sereine, prenant de la hauteur avec l'incident.

« J'avais presque oublié que ça marche comme ça ici », pensa Diego. « Je ne vois guère d'autres solutions que d'accepter la manière de fonctionner de notre bonne vieille société ».

Il y a ce qui est grave et ce qui est chiant… et en fin de compte, la mort, ce n'est pas si grave !… Alors, si la mort n'est pas si grave et que le temps n'existe pas, que penser de cet homme pressé qui se met tout seul une pression par une illusion du temps ?

Le temps… ce temps qui ne voulait plus rien dire dans l'au-delà reprenait sa dimension propre aux terriens. Diego avait gardé de son expérience cosmique le souvenir d'un temps qui n'existe pas, mais rapidement, le quotidien le rattrapait, l'obligeant à regarder sa montre pour être à l'heure. Les mois passèrent à coup de déconfinement, couvre-feu et reconfinement. Presqu'une année s'était écoulée depuis l'accident et la vie avait repris son cours.

Étendu sur son clic-clac, caressant Cannelle une minette qu'il avait adoptée, venue se blottir contre lui, Diego alluma la télévision.
Un black, lunettes noires, portant un chapeau et des chaînes en or tape à l'œil, chantait entouré de nanas qui trémoussaient leur plastique sexy de façon provocatrice et obscène. « Tu veux qu'je te fourre mon sguegue dans ta ch.. »… Diego était consterné devant ce soi-disant chanteur qui arrivait à aligner la vulgarité imbécile de ses paroles sur une mélodie grâce à une machine qui déformait sa voix pour en faire sortir des effets de style.
Il se sentait d'autant plus proche de son animal de compagnie depuis son expérience hors de son corps qu'il trouvait l'être humain bien souvent écœurant et imbécile. L'homme était tombé bien bas à cause du profit et encore le profit. Comment pouvait-on laisser se produire de telles merdes abrutissantes pour les jeunes alors que dans le même temps, on prônait la prévention

du harcèlement sexuel ?
La loi du fric et de la consommation semblait avoir eu raison de tout, prétextant la liberté d'expression pour promouvoir de la merde.
Une présentatrice habillée chic et un présentateur en smoking qui n'en pensaient pas moins, sans doute par peur de se mettre à dos la show business family, flattaient avec hypocrisie les talents de celui qu'ils nommaient artiste.

Affligé, il saisit la télécommande et changea de chaîne.

« Face à des taches tenaces, osez laver plus froid !… Et si nous lavions plus à froid nous éliminerions en Europe l'équivalent en CO_2 de deux millions et demi de voitures !... Votre linge impeccable même à froid !... » ; « C'est si bon de se retrouver à table chez Mac D… »… Il zappa une dernière fois.
« Le vaccin c'est bien ! Le vaccin c'est bien ! … Tralala ! Protégez vos proches et faites-vous vacciner !»

La société de consommation… Les médias au service de la propagande politique du gouvernement…
Comme disait Colette, « Le bétail ne mange que le foin qu'on lui donne »… Les politiques et les gérants des grandes firmes à pognon avaient bien compris cela. Les gens n'avaient plus besoin de penser ; on leur servait du « tout-cuit », des solutions pour être bien, confortables. La télévision entre autres, se chargeait de leur véhiculer une image du bonheur, puis elle transmettait ce qu'il fallait faire pour aboutir à ce bonheur, pour être heureux. Plus besoin de réfléchir, les médias fournissaient les solutions ainsi que des raisonnements simples à se mettre en tête. Quant aux aventuriers quelque peu subversifs, qui tentaient d'amener la population à réfléchir, à développer un esprit critique, trop dangereux pour l'ordre établi, ils étaient traités de

« complotistes », censurés et évincés.

La proposition être s'était effacée laissant place à l'avoir. Ce n'était plus « Je pense donc je suis » mais « J'ai donc je suis ».

« Ai-je fait le bon choix en réincorporant mon être charnel ? », s'interrogeait-Diego en pensant à l'état de cette pauvre société en perdition.
« Peut-être aurait-il mieux valu que je parte vers la grande Lumière blanche ? »

Avant de se ressaisir : « Peu importe ! Je suis là et bien là ! »

Cette nuit-là, l'âme de son père vint le visiter, ce qui donna lieu comme à chaque fois dans ces cas-là à un rêve étrange.

Diego était sur la scène d'un théâtre. Tel un chevalier, recevant les honneurs de son roi en récompense pour le chemin parcouru, il entendit une voix douce et profonde qui ressemblait à s'y méprendre à celle de son père. Elle lui délivra quatre petits mots. Et ces quatre petits mots inhabituels prirent un sens particulier en parvenant à l'esprit de Diego. Ils l'emplirent de lumière et d'un amour profond irradiant son corps et son esprit :

« Je t'adoube Diego ».

Diego s'extirpa du sommeil et saisit son téléphone portable posé sur la table de nuit. Célestine était dans les bras de Morphée récupérant de sa fatigue de dures journées de travail.
Le logo téléphone de son portable lui annonçait un appel en absence.
« Bonjour Monsieur Delavaga, Mme Annick Garcia, clerc de notaire à l'office notarial de Maître Carré. Ce message pour vous dire que nous avons contacté votre belle-mère, Mme Paula Delavaga, et qu'une issue permettant a priori à chacun de s'y retrouver est envisageable. Nous avons une proposition à vous faire si vous êtes d'accord pour effectuer le partage des biens. Alors n'hésitez pas à me contacter pour que je vous explique

tout cela de vive voix. Je vous souhaite une bonne journée Monsieur Delavaga. »

En écoutant le message vocal, une agréable chaleur irradia son cœur et son corps. C'était une chaleur semblable à celle qu'un enfant ressent après avoir reçu de la part d'un de ses parents une récompense assortie d'une marque de fierté pour une épreuve réussie. Il éprouva la légèreté que l'on éprouve quand on s'acquitte d'une dette. Il se sentit libéré d'un carcan énergétique.

« Merci papa », pensa-t-il, effectuant un geste d'amour, la main posée sur son cœur s'ouvrant vers le ciel.

Diego était définitivement en paix avec son père.

Célestine ouvrit la porte. Diego tenait un rosier dans une main et son sac à dos dans l'autre.

Ils étaient assis, l'un contre l'autre, ou plutôt l'un avec l'autre. Un doux parfum parvenait jusqu'à ses narines derrière le passage de ses lèvres sur son cou. Ils se dévêtirent et firent l'amour.

Diego ne voyait plus les cicatrices de son corps mutilé. Le champ d'imperfections qui jonchait sa poitrine était devenu rien de plus qu'une terre familière qu'il affectionnait avec ses particularités. Il aimait tant son corps que son âme. Il l'aimait de tout son être.

Il l'aimait intensément d'un amour plus profond… d'un amour vrai.

Célestine voulait entreprendre de se faire opérer en pensant que la chirurgie plastique lui ôterait quelques complexes. Elle avait évoqué le sujet avec Diego. Elle avait à cœur de faire cette démarche pour plaire à Diego et pour se plaire à elle-même.

« Quel paradoxe !, pensa Diego, si Célestine, avait eu dès la première rencontre, la belle silhouette qui répond à mes standards de beauté, l'aurais-je aimée de la même manière ?... Je me serais sans doute précipité sans chercher à la connaître davantage pour qui elle est au plus profond d'elle-même, laissant venir à moi toutes les angoisses de peur de la perdre, et j'aurais répété une fois de plus le même schéma… On va plus vite en prenant son temps. Et j'ai pris le temps de savoir qui elle est, c'est-à-dire une femme que j'aime, avec ses qualités, ses défauts et ses limites… »

Contre toute attente, Diego se surpris à avoir peur de ce changement… Qui sait ce qu'un changement peut induire ?...

Diego reçut un mail de Jocelyne. Il faut toujours vérifier le contenu des messages que l'on envoie et surtout… à qui on les envoie ! Cela évite bien des déconvenues. Manifestement, le message de Jocelyne ne lui était pas destiné.

Elle s'adressait à Céline, une commère de premier ordre, friande de ragots, avec laquelle elle avait sympathisé lorsqu'elles attendaient jadis toutes deux leurs marmots à la sortie de l'école primaire.
« Coucou Céline ! C'est OK pour demain. On se retrouve au Mac Do à midi. Je te raconterai la dernière. Figure-toi que le JAF a refusé de faire payer les 500 euros à Diego ! Le juge a tranché à 430 euros. De toute façon, Elsa ne veut plus le voir ! Il n'a que ce qu'il mérite ! Il ne s'est jamais occupé d'elle. Et puis c'est quelqu'un de violent. Il n'a qu'à le garder son pognon ! Il nous a laissées dans la misère, Elsa et moi. Il a fallu que je me débrouille seule avec mon petit salaire pendant que monsieur s'en allait acheter une maison avec sa grosse paie ! C'est vraiment un connard et un salaud !
Allez, je me suis un peu lâchée là. Je te raconte tout ça demain !

Bisous

Joyce »

En observant qu'elle s'était trompée de destinataire, Jocelyne aurait pu rajouter en P.S. : « OUPS »

Mais la révélation ne résida pas dans le contenu du message pour Diego. Il savait très bien ce qu'elle pensait de lui et surtout les bruits qu'elle faisait courir à son sujet. Non, la révélation fut davantage dans sa réaction. Alors qu'il aurait voulu pouvoir se justifier en criant « Attendez ! Elle dit des conneries ! Je vais vous expliquer, je ne suis pas comme ça ! », il se vit réagir de façon tranquille.

Il se serait battu autrefois pour répondre à son ressenti d'injustice, pour convaincre tous de qui il était vraiment, qu'il n'était pas le monstre pour lequel on le faisait passer. Mais à présent, il était en paix, et surtout, il était en paix avec lui-même. Autrefois en quête d'amour et de reconnaissance, l'idée même de ce qu'un autre pouvait penser de lui en négatif lui était insupportable. Aussi il cherchait à s'expliquer en vain pour convaincre cet autre de ne pas avoir une aussi mauvaise opinion de lui.

Mais arrive-t-on à convaincre les autres ? … Et surtout, est-ce utile de se battre pour cela ?

Diego avait compris que c'était là un combat stérile, que chacun pensait bien ce qu'il voulait. Et que c'était se battre contre des moulins.

« Le lâcher prise… Enfin ! Ca y est, on y est ! », pensa-t-il.

Il y avait le Diego d'avant, et le Diego d'aujourd'hui. Le Diego d'aujourd'hui était certes loin d'être parfait. C'était un Diego avec des qualités et aussi des défauts, mais un Diego vrai, affirmé, aligné : « Tête-cœur-tripes/pensée-parole-action ». C'était tout simplement un homme.

Il s'était accepté tel qu'il était. Il s'était déconnisé.

Peu importe ce que les autres pouvaient penser de lui. Il avait à présent envie de répondre à ceux qui noircissaient son image :

« Si vous tenez à me chercher dans une image de moi que vous avez fabriquée, continuez à vous épuiser à chercher. En revanche, si vous voulez me trouver, moi, Diego, dans ce que je suis de plus vrai, je suis là ! ».

Puis il s'en fut dans la cuisine pour préparer le repas du soir en fredonnant la chanson de Georges Brassens :
« Quand on est con, on est con… »

Lors d'une rencontre avec Colette, la vieille femme lui avait dit :
« De toutes les manières, on se retrouve un jour confronté à soi-même, car dans la vie tout se mérite et tout se paie… Aussi, on a beau fuir son destin, on le retrouve toujours sur son chemin… parfois même sur la route que l'on a empruntée pour ne pas le rencontrer… C'est le mektoub ! »

Elsa claqua la porte de sa chambre. « Tu m'soules ! », cria-t-elle à sa mère.
Jocelyne gérait tant bien que mal la relation avec une ado sans limites qui la poussait de plus en plus dans ses retranchements. C'était comme un message que lui adressait la vie pour lui dire : « Tu as voulu évincer le père pour accomplir seule le rôle de parent… Eh bien fais maintenant ! ». Elle n'avait pas fini de s'épuiser à la tâche et allait avoir à affronter la plus grosse de ses hantises… être rejetée par sa fille.

Quand on a coupé les ponts, plus le temps passe et plus il est difficile de revenir. L'orgueil et la rancune tenace ne facilitent pas les choses.

Baignant dans sa liberté nouvelle et adolescente, Elsa semblait en avoir oublié tous les moments de partage avec son père. Comme frappée d'amnésie, tel l'adepte d'une secte qui fait fi de son passé, Elsa faisait fi de l'amour qui l'avait unie à son père.

Diego avait pris de la distance avec le rejet que lui affichait Elsa. Il se sentait propre avec lui-même car il n'avait rien à se reprocher. Il avait sûrement fait des erreurs en tant que parent. Peut-être avait-il été trop autoritaire dans des cas comme-ci, ou pas assez comme ça... Qui peut prétendre connaître le bon dosage ? Il avait fait ce qu'il avait pu et il avait été là.

« Qu'elle vive ce qu'elle a à vivre, qu'elle se déconnise... ma porte lui est ouverte... », pensait-il.

Puis il poursuivait sa pensée par : « ... En espérant qu'elle se déconnise sans trop tarder pour ne pas regretter car la vie est courte... »

Diego avait repris son travail.

Et c'est alors qu'il s'y attendait le moins, à la sortie d'une consultation, que son téléphone portable vibra pour lui annoncer le message d'une certaine Elsa.

« Bonjour (un « bonjour papa » était prématuré pour une ado dont l'orgueil était à si haute dose), je serai sur St Alban demain après-midi. Serais-tu disponible pour qu'on se voit ? »

C'était un timide mais courageux SMS qui marquait un premier pas vers une éventuelle réconciliation.

« - Bonjour Elsa, je serai dispo à 14H00. Tu veux que je vienne te chercher quelque part ?
- Pas la peine, j'ai ma voiture. On a qu'à se retrouver demain à 14H00 au parc des Dauphins.
- OK. Alors à demain. Bisous
- Bisous »

Il acceptait que sa fille en soit là de son avancée dans sa propre école de la vie car il savait qu'il faudrait du temps d'autant plus que la fierté empêcherait Elsa de s'ouvrir et reconnaître pleinement ses propres erreurs.

Diego était content de retrouver ses patients. Plus sensible, plus empathique, il les comprenait mieux et prenait plus de plaisir dans son travail.

Il se rendit à la mairie de Saint Ultime-sur-Guiers dans le bureau de Léa Brillego pour évoquer les conférences à venir. Léa n'avait pas avancé d'un brin sur son projet. Et lorsque Diego lui posa la question, Léa se sentit agressée et mise en accusation.
Diego se reconnut dans cette manière d'être, peu affirmée et sur la défensive, et put constater à quel point le Diego d'aujourd'hui était loin du Diego d'avant.
Elle se justifiait, accusait les autres plutôt que d'assumer. C'était tantôt la faute de Madame le Maire, tantôt celle des autres élus, secrétaires et collaborateurs en tout genre à qui elle avait essayé de refiler le bébé…

Sachant ce qu'elle pouvait éprouver n'étant pas déconnisée, sachant qu'elle accordait de l'importance au regard de l'autre (en l'occurrence, le sien), Diego s'autorisa à adopter certains comportements afin d'induire chez elle un mal-être.
« Tu n'as pas l'air de savoir qui tu es, tu n'es pas sûre de ce que tu vaux… et tu sembles avoir besoin de moi pour te rehausser dans ton estime de soi… D'accord… Laisse-moi jouer un peu avec ça… »

Exerçant une petite manipulation avec un zeste de psychologie noire, il s'amusa de cela.

Il était loin de ce Diego d'autrefois qu'il recroisait parfois à travers d'autres humains lui rappelant en miroir ce qu'il avait été.

Diego pensait : « Il est étrange cet autre moi du passé. A présent, je le regarde, je l'observe, de loin. Il est à la fois moi et autre que moi. »

Il était comme l'enfant qui ne s'intéresse plus à ses Lego ayant trouvé des centres d'intérêt bien plus captivants, et se demandant comment il avait pu aimer de tels jeux.

Il y avait encore peu de temps, il était l'ado insouciant de 40 ans, et pourtant il était tellement loin à présent !

Lorsque des bribes de cet ancien vécu lui revenaient, il éprouvait la sensation curieuse d'avoir rêvé cette tranche de vie. Des scènes insensées jouées par un lui autre que lui jaillissaient parfois dans ce qui lui semblait être les restes d'un vieux rêve flou.

Diego observait le monde, toujours aussi fou et peuplé de cons.
Colette avait l'habitude de répéter :

« Se déconniser est essentiel ! Pour cela, il faut combattre son diable intérieur que l'on peut aussi nommer Orgueil... Mais ce n'est pas tout, parce qu'après il faut encore combattre le Diable, celui qui est à l'extérieur... car il existe aussi celui-là ! »

Colette - Réflexion spirituelle extraite du Manuel de Déconnisation

Diego avait compris que les « parties diables » qui habitent chaque être, autrement dit les parties non déconnisées de chacun, interagissent en réseau, par la bêtise, la méchanceté, le pouvoir et la peur.

En cet été 2021, le gouvernement venait de sortir sa dernière trouvaille mettant en évidence que l'être humain avait perdu son intelligence collective.

Il venait de rendre subtilement obligatoire le vaccin contre le COVID 19. Subtilement, car dans le discours il préférait parler d'incitation pour ne pas avoir à rendre des comptes auprès des vaccinés qui déclencheraient d'éventuels effets secondaires. Big Pharma avait des intérêts financiers et le gouvernement était soudoyé pour écouler un vaccin dont on ignorait les effets secondaires sur le long terme. Ce vaccin qui agissait sur l'ARN allait-il provoquer des stérilités, malformations, dégénérescences neuronales ou autres maux encore ? Nul ne pouvait le savoir.

De plus, le gouvernement avait assorti ce qui apparaissait plus qu'une incitation vaccinale de l'obtention d'un pass sanitaire. Dans la volonté de contrôle absolu de la population, l'occasion était trop belle pour passer à côté d'une telle aubaine !

Pour cela, il avait utilisé les bonnes vieilles stratégies d'antan. Pour commencer, il fallait mener une bonne propagande pour rassurer la population et vanter les mérites du super vaccin tout en brandissant des chiffres à semer la terreur sur le danger que représentait le virus.

Le journal télévisé des grandes chaînes n'était pas neutre. Les micros-trottoirs ne présentaient en grande partie que des gens heureux de se faire vacciner et de présenter leur pass sanitaire pour aller au restaurant, et les discours moralisateurs des journalistes allaient en ce sens. Ce matraquage médiatique avait amené la population à gober des confusions. Ainsi, les discours médiatiques amenaient à confondre le fait d'être en partie protégé par un vaccin et le fait de ne pas être contagieux. Cela faisait mouche auprès du grand public qui avait peur du virus et aspirait à être libéré des contraintes imposées.

Pourtant échaudée par des précédents comme la catastrophe de Tchernobyl, l'affaire du sang contaminé, les dégâts commis par la mise sur le marché des pesticides, le Médiator, et autres médocs du genre Dépakine, la population semblait n'y voir que du feu. Elle avançait, telle un troupeau de bovins que l'on mène à l'abattoir, aveuglément, en buvant ces bonnes paroles.

Des personnalités en tous genres, médecins et artistes, faisaient la promotion du vaccin tandis que les scientifiques de haute renommée qui osaient critiquer la pensée unique étaient soigneusement évincés, certains mis au placard, d'autres radiés, hospitalisés sous contrainte ou même avaient étrangement disparu. Avec ces derniers, les différents traitements proposés qu'ils soient préventifs ou curatifs, étaient écartés pour ne laisser place qu'à une seule et unique solution miracle, le vaccin.

« Diviser pour mieux régner », cela était toujours aussi efficace. Ainsi, le gouvernement ciblait une partie de la population, pour la soumettre à l'obligation vaccinale. Le restant de la population ne se sentant pas concerné, ayant pour une grande partie l'espoir d'y échapper, bien que consternée, se taisait. La population était comme un troupeau de gnous traversant la rivière dans l'indifférence de voir un de ses congénères se faire bouffer par le crocodile. Le gouvernement avait compris qu'il pouvait parvenir à ses fins en utilisant la peur. Une grande partie des êtres humains pensaient être tranquilles pendant que l'État s'acharnait sur ses pauvres congénères sacrifiés… « Mieux vaut qu'il s'en prenne à eux, plutôt qu'à moi ! »

La population était morcelée. Il y avait ceux qui croyaient aux vertus de la vaccination, ceux qui se faisaient vacciner pour ne pas perdre leur emploi (car l'État avait mis cette épée de Damoclès menaçante au-dessus de certaines professions), ceux qui voulaient juste obtenir un pass sanitaire pour accéder aux différents loisirs qui garnissaient leur vie sociale… et puis il y avait les résistants qui refusaient tant le vaccin que le pass sanitaire…

Tout cela était assorti d'un lot d'incohérences. Les soignants qui avaient été acclamés en sauveurs dans les rues par des gens qui tapaient dans des gamelles un an auparavant, étaient soumis à l'obligation vaccinale sous peine de se faire virer, alors même que peu de temps avant, l'État les contraignait à venir travailler même s'ils étaient contaminés par le virus. Les policiers, quant à eux, n'étaient pas obligés de se faire vacciner ; cela aurait risqué de les diviser dans leurs rangs et le gouvernement avait trop besoin d'eux pour contenir les foules de manifestants en rébellion. Un policier non vacciné pouvait donc être amené à contrôler une personne non vaccinée elle-aussi dans un lieu où le pass sanitaire était exigé et à la sanctionner…

Diego observait toute cette absurdité avec détachement. Il n'avait pas peur du virus, pas plus qu'il n'avait peur de mourir. De toute façon il faut bien mourir un jour. Prolonger indéfiniment une vie, si c'est pour ne rien vivre… Quel intérêt ? Quel intérêt de vivre sans voir le sourire de ceux qu'on aime, caché par un masque ? Quel intérêt de ne plus circuler librement ?

La peur du danger avait conduit tout doucement l'être humain à accepter une condition de vie dans laquelle tout était aseptisé, une triste prison dorée.

« La liberté... Nous sommes conditionnés », pensa Diego.

Des images de son enfance parvinrent à son esprit.

Il avait cinq ans. Il était chez ses grands-parents espagnols lors d'un repas de famille. Pendant que les adultes, encore attablés après le dessert, discutaient dans une ambiance enfumée des années soixante-dix, il se tenait debout devant la cage d'Antoine avec son cousin Raymond.

Antoine, c'était le nom du canari de la grand-mère. C'était un vieux canari jaune âgé de dix-huit ans que Diego aimait observer quand il allait chez ses grands-parents.

Ainsi depuis l'enfance, Diego trouvait toujours étrange qu'un homme se prénomme Antoine car pour lui c'était un prénom de canari.

Raymond avait deux ans de plus que lui. Parfois turbulent, ayant l'habitude de faire quelques bêtises d'enfant, il était bien souvent la mauvaise conscience de Diego qui l'incitait à braver les interdits.

Ce jour-là, Raymond murmurait les paroles de la chanson de Pierre Perret à l'oreille de Diego : « Ouvrez, ouvrez la cage aux oiseaux, regardez-les s'envoler c'est beau. Les enfants si vous voyez des p'tits oiseaux prisonniers, ouvrez-leur la porte vers la liberté... »

« ... Allez Diego... vas-y ! Ouvre-lui la porte... Regarde comme il est malheureux Antoine. Il sera heureux de s'envoler dehors ! », lui chuchota Raymond.

La petite voix incitatrice de son cousin avait eu raison de lui.

Diego ouvrit la porte de la cage et Antoine s'envola. La grand-mère vit s'envoler Antoine aux quatre coins du salon. Les adultes interrompirent leur conversation, hagards devant le canari qui volait en tous sens. Levant en vain les mains au ciel comme un geste inespéré pour le rattraper, la mémé criait : « Antoine, reviens ! Reviens Antoine... »

Et l'oiseau s'enfuit par la fenêtre grande ouverte pour aller se confondre avec les feuilles du cerisier qui se tenait quelques mètres plus bas dans la cour du jardin.

Les jours passèrent et trois ou quatre dimanches plus tard, lorsque Diego retourna chez ses grands-parents au repas familial, il eut la surprise de retrouver Antoine dans sa cage.

Les belles cerises rouges étaient pourtant appétissantes et le cerisier qui les produisait aurait pu avoir un petit goût de paradis pour celui qui avait passé toute sa vie derrière les barreaux. Dix-huit ans de sa vie de canari en prison, cela devait correspondre à quatre-vingt-dix ans pour un humain…

Mais voilà, les habitudes et la sécurité sont bien souvent plus fortes que la liberté et Antoine préférait les os de seiche que lui donnait la mémé, plutôt que voler librement dans un ciel inconnu. « Combien d'humains, comme Antoine, se résignent-ils à rester là où ils sont, préférant le confort d'une vie maussade dans laquelle demain ressemblera à aujourd'hui et à hier, au risque de vivre ? », pensa Diego.

Diego avait choisi :

A quoi bon vivre vieux si c'est pour ne rien vivre! Mieux vaut privilégier la qualité d'une vie à la quantité des années.

Réflexion spirituelle extraite du Manuel de Déconnisation

Dans son quotidien, Diego déambulait au milieu des comportements imbéciles de différents individus.

Deux couples de touristes s'apprêtaient à s'asseoir à la terrasse d'un restaurant, lorsqu'un petit serveur sec et dynamique, surgit d'on ne sait où, transpirant derrière son masque.
« Une table pour quatre !... Pas de problème M'sieurs dames ! Non, attendez ! Ne vous asseyez pas ! Avec le COVID, on ne sait jamais ! » s'écria-t-il d'un ton sérieux.
« Je reviens de suite ! »
Les quatre touristes patientèrent tranquillement en discutant et le serveur revint cinq minutes plus tard. Saisissant une serviette-éponge humide qui pendait le long de la poche arrière de son pantalon, imbibée des bactéries et autres microbes provenant des tables qui venaient d'être nettoyées précédemment, il passa trois rapides coups énergiques sur la table, laissant quelques gouttelettes grasses sur son passage. Son chiffon magique avait fait disparaître le virus sûrement efficacement, car les clients prenaient place sereinement si ce n'est par l'effet placebo de cette mascarade pour consommer.

Une guerre idéologique opposait les « pro-pass sanitaires » aux « anti pass sanitaires ».
Tout en shampouinant une cliente, un petit rictus en coin provoquant et piquant, une coiffeuse lançait haut et fort à Nanette qui patientait un magazine à la main : « Alors Madame

Delavaga, toujours pas vaccinée ?... Ça va être compliqué d'aller au cinéma maintenant, hein ??!... »

Durant un concert public en plein air, alors que l'accès n'était réservé qu'aux seuls privilégiés détenteurs du pass sanitaire, la foule restante en était réduite à être entassée derrière des grilles pour entrevoir les artistes sur le podium du mieux qu'elle pouvait, entre deux têtes et des branches d'arbres. De même que d'une manière infantilisante, on distingue les bons élèves qui font tout bien comme le maître a dit, des mauvais élèves fortes têtes, il y avait les bons citoyens qui avaient bien fait leur pass sanitaire comme l'avait demandé le gouvernement... et les autres récalcitrants qui se faisaient traiter de complotistes s'ils se montraient trop subversifs.
Dans ce capharnaüm, un type corpulent ayant accès au plus près des chanteurs grâce à son pass sanitaire stationna pour voir les artistes, obstruant définitivement la visibilité de ceux qui n'étaient pas élus pour entrer. Devant les remarques insistantes de la foule lui demandant de se pousser, l'homme réagissait par la provocation :
« Vous avez qu'à faire une piquouse !... »
Sous les sifflets du public, il enchaînait : « Vous avez qu'à faire comme moi ! Faîtes une piquouse et vous aussi vous pourrez voir !! »

En d'autres termes : « Je détiens la Vérité et à tous ceux qui ne pensent pas comme moi, je vous emmerde !! »

Face à ces manières d'être imbéciles, Diego était excédé et avait envie de crier :
« Dans quel monde ai-je remis les pieds ! Bande d'abrutis, allez-vous faire déconniser ! »

Quelques jours plus tard, Diego reçut un patient différent des autres. C'était un grand type barbu, d'un mètre quatre-vingt-douze, habillé simplement d'une paire de sandales en cuir, surmontée d'un pantalon jean et d'un tee-shirt noir de rocker. Lorsque Diego vint le chercher pour la consultation, le gaillard picorait tranquillement des mures sur un buisson situé aux abords du cabinet.

Les présentations faites, il expliquait au psychologue ce qui l'amenait à consulter. L'injustice lui était insupportable, et devant chaque incivilité qu'il constatait, un chauffard, quelqu'un qui manquait de respect à une femme, à une personne handicapée ou qui s'en prenait déloyalement à une autre, il n'arrivait pas à se contrôler. Il était alors pris d'une pulsion plus forte que lui qui l'amenait à franchir une barrière pour mettre une raclée à cet odieux personnage.

Diego pensa : « Il faut des gens comme lui. Il n'y en a a malheureusement pas assez dans cette société qui part en cacahuète… »

Et il conclut : « Je ne veux pas qu'il se rende malade à focaliser sur des incivilités. Je ne veux pas que son attitude lui retombe dessus parce que son impulsivité l'amène à se retrouver en garde à vue. Pour le reste, il a le courage que je n'ai pas et je n'ai pas envie de le soigner. »

Madame le Maire de Saint Ultime-sur-Guiers

Les westerns qui avaient bercé son enfance avec ses héros favoris, John Wayne, Gary Grant, Clint Eastwood, et les autres, avaient alimenté bien des fantasmes de toute puissance.

Un cowboy téméraire rentrait dans le saloon et sans hésitation, défiait seul contre dix, les méchants qui importunaient la belle. Le courage, l'audace, qui amenaient le héros à tenir en respect une bande de malfrats, faisait rêver Diego. Il aurait tellement aimé être invincible comme Actarus dans son Goldorak, et sans trembler, au péril de sa vie, faire face à la provocation d'un con menaçant, en le désarmant, puis en le mettant à terre s'exerçant à des mouvements spectaculaires avec la plus grande classe.

Mais la vie n'est pas un western. Frustré, Diego avait fini par admettre sa petitesse. Les coups portés sont bien souvent plus bas que spectaculaires, et la peur paralysante associée à la colère et au stress, avaient bien souvent engendré des réponses maladroites empreintes de bégaiements si ce n'étaient des non-réponses.

Diego s'était senti peu fier de lui voire honteux dans une réalité terrestre où, bien au-delà de la confrontation physique à d'autres plus imposants que lui par leur agressivité, il s'était trouvé démuni pour exprimer ses convictions face à ses supérieurs hiérarchiques.

Etait-ce le fruit d'un conditionnement et d'un trop grand respect pour ceux qui incarnaient une autorité ?

Mais là, depuis son expérience dans l'au-delà, il comprenait que l'important était d'être affirmé, aligné, vrai, par rapport à soi-même, sans que cela n'empêche d'être intelligent et rusé… Oui, rusé… comme un renard ! C'est bien cela que signifie Zorro en espagnol… El zorro : le renard.

Comment n'avait-il pas vu ? Don Diego De La Vega… Diego Delavaga… Comment n'avait-il pas compris avec le nom qu'il portait et avec le prénom qu'avaient choisi pour lui ses parents, qu'il avait meilleur compte de s'inspirer de cet autre héros de son enfance… Don Diego De La Vega, alias Zorro, incarné à l'écran par Guy Williams.

Don Diego De La Vega était-il lâche lorsqu'il jouait l'ingénu, pacifiste, quelque peu faible et précieux dans son costume à fleurs ?

« Pourquoi ne dit-il pas que c'est lui Zorro ??! », pensait l'enfant devant la série télévisée.

Sans doute était-ce frustrant pour le téléspectateur de voir Don Diego De La Vega pris pour un intellectuel efféminé, idiot et faible, sans avoir la reconnaissance de son entourage, ni même de son propre père… De toute évidence, ça l'était pour l'enfant qui aurait aimé rétablir la grande injustice et que l'on sache qui se cachait derrière le masque de Zorro.

Dans l'ombre du chevalier masqué qu'il incarnait, Don Diego De La Vega était au courant de tout ce qui se passait dans le pueblo, trinquant parfois même avec les méchants pour en savoir plus sur les mauvais coups à venir. En tombant le masque, il aurait mis un terme à la légende de Zorro. Mais plus encore, le personnage de Don Diego, humble, semblait s'amuser de cela, car du plus profond de lui-même, il agissait dans l'ombre par rapport à lui-même et à ses convictions, ne cherchant aucune gloire dans le regard des autres.

Depuis qu'il était revenu des cieux, notre psychologue du même prénom que le héros de son enfance, le préférait encore plus en modèle, à celui des cowboys durs fonçant dans le tas, incarnés bien souvent par John Wayne.

Il se débarrassa ainsi de ce qui lui restait d'un sentiment de lâcheté.

« - J'espère que vous vous êtes fait vacciner Diego ??... », lui dit Madame Cicciolina tout en prenant place avec ses dossiers sur un fauteuil situé en face du sien.

Annoncer ce qu'il pensait, haut et fort de la politique du gouvernement, face à cette femme bien placée qui adhérait par opportunisme aux directives gouvernementales, n'aurait pas été du courage. Cela aurait juste été une bêtise qui lui aurait valu d'être définitivement mis au placard du cycle de conférences qu'il avait initié.
Cela aurait été d'autant plus idiot que le gouvernement avait aussi mis en place cette stratégie avant de repérer de façon explicite les récalcitrants qui osaient tenir tête au système afin de les éliminer.
Tout comme le héros de son enfance, il ne voulait pas tomber le masque.

Il y eut un échange de pensées sous-marines entre Diego et Madame Cicciolina.

Elle afficha une mine qui voulait dire : « Je serais très déçue et désapprouverais si vous n'adoptiez pas un comportement de bon petit soldat obéissant »…
A laquelle, Diego avait pour pensée-retour : « Si vous êtes déçue, cela vous appartient, c'est votre problème. Ce n'est pas à vous de me dire ce que je vaux, ce que je dois faire et penser de

bienséant ».

Il est vrai qu'il fantasmait de s'affirmer face à elle en lui déclarant :
« - Madame le Maire, je respecte votre point de vue quel qu'il soit et j'espère que vous aussi vous saurez faire preuve de tolérance par rapport au mien. Je ne vérifierai aucun pass vaccinal des gens qui assisteront à la conférence et ne me ferai en aucun cas injecter ce vaccin tout pourri dont on ignore encore les effets secondaires. Débrouillez-vous sans moi! »

Oui, il aurait aimé pouvoir lui dire tout cela autant qu'il admirait ceux qui, déterminés, s'exprimait au sacrifice de leur vie. Mais le jeu en valait-il la chandelle ?

Une chanson de Georges Brassens résonnait dans son âme et dans son corps :
« Mourir pour des idées, l'idée est excellente… Moi, j'ai failli mourir de ne l'avoir pas eue... »

Face à Madame le Maire, maître Renard devait faire preuve de ruse pour ne pas avoir de représailles professionnelles car elle aurait aussi pu aussi nuire à son activité libérale en lui faisant mauvaise presse, voire en le faisant suspendre en tant que soignant, la délation étant revenue au goût du jour. Comme l'aurait fait Don Diego De La Vega, avec élégance, il laissa Madame Cicciolina s'exprimer pour lui rétorquer une petite phrase anodine… juste quelques petits mots pour faire mouche, sans pour autant laisser paraître quoi que ce soit de son ressenti.

« - Vous vous êtes fait vacciner Diego ??... », insista Madame Cicciolina

- Non, pas encore, répondit-il posément.
- Mais vous allez vous faire vacciner, n'est-ce pas ??
- Bien sûr… De toute façon, nous allons tous y être obligés…
- … Bon mettons-nous au travail… Je me permets d'enlever mon masque parce qu'il fait chaud… vous n'avez pas à vous inquiéter, je me suis faite vacciner dernièrement ! , dit-elle fièrement telle une ambassadrice du vaccin montrant l'exemple.
- Vous vous êtes fait vacciner, c'est très bien… mais cela vous empêche-t-il d'être contagieuse ? »

Madame le Maire se tut, gênée, plongeant son nez dans la montagne de dossiers qui se tenait devant elle, pour donner l'impression d'y mettre de l'ordre.

Après avoir fait état de l'avancée des conférences en préparation à Madame le Maire, Diego quitta le bureau, sereinement, réfléchissant à la manière dont il pourrait combattre dans l'ombre ce qui lui apparaissait comme des aberrations et des injustices.
Il ne cherchait plus à plaire, à obtenir la reconnaissance d'une quelconque hiérarchie, mais à être en accord avec lui-même.

Comment allait-il mener son combat ? L'idée de construire sa petite oasis, un lieu qui serait un havre de paix au milieu d'un monde en perdition, commençait à germer. Il pourrait accueillir en ce petit coin de paradis ceux qu'il aime. Et au-delà de ce lieu, il mettait un point d'honneur à continuer de venir psychologiquement en aide à ceux qui venaient le voir, sans discrimination, qu'ils aient un pass sanitaire ou pas. Il ne savait pas encore de quelle manière il livrerait son combat, mais il savait qu'il œuvrerait pour ouvrir les yeux des gens. C'était certes moins prestigieux que d'affronter à l'épée la garde du général, mais chacun fait ce qu'il peut à son niveau et avec ses compétences. Diego avait pour épée un stylo à bille, et pour arme son esprit. Il combattrait à son échelle, en essayant d'amener autour de lui un esprit critique sur la société dans laquelle baigne l'humanité.

Sur la tombe de Colette

Qu'est-ce que sauver la vie d'un homme ? Cela consiste-t-il seulement à reporter le moment du passage fatidique à une date ultérieure ? Est-ce rallonger la vie d'un être parce qu'on lui évite la mort à un moment donné ?
Diego avait compris qu'il y avait bien d'autres manières de sauver la vie de quelqu'un. Colette lui avait sauvé la vie en lui donnant de l'amour et en l'aidant à se réaliser, lui évitant ainsi d'être un zombi errant au milieu des autres zombis qui peuplent ce monde sans autre intérêt que celui de consommer et faire du profit. Elle lui avait sauvé la vie en l'amenant à conscientiser son existence, et ainsi en lui épargnant une vie misérable dans laquelle il se serait contenté de vivre pour manger et manger pour vivre. Elle lui avait sauvé la vie par ses sages conseils en lui permettant de se déconniser.

Diego se rendit au cimetière sur la tombe de Colette. C'était comme un hommage qu'il voulait lui rendre. Pour lui, elle n'était pas sous cette dalle. Comment aurait-il pu imaginer cela après avoir vécu cette expérience extraordinaire dans l'au-delà ?
Mais il avait besoin de se recueillir quelque part pour laisser à son attention un message de remerciement. Alors il déposa, des petites fleurs simples aux couleurs vives et gaies car Colette aimait les choses simples et gaies.

Il remercia Dieu de l'avoir fait mourir pour gagner la foi et l'humilité, de l'avoir fait mourir pour comprendre, de l'avoir fait mourir pour savoir, et de lui avoir permis de se déconniser. Et comme il faut toujours remercier les personnes qui ont compté et qui nous ont aidés sur notre chemin, il remercia Colette de l'avoir accompagné.

L'histoire d'un petit colibri qui essayait d'éteindre l'incendie qui ravageait la forêt en déversant les petites gouttes d'eau que pouvait contenir son bec, tandis que les autres animaux le regardaient sans rien faire, se moquant de lui et de ses efforts vains, lui vint à l'esprit. Sa mère lui contait cette fable en appuyant sur la morale : « Le petit colibri dit aux animaux passifs et moqueurs : ''Moi, au moins, je fais quelque chose pour tenter d'éteindre le feu !'' »

Il avait compris qu'il ne pourrait pas changer le monde mais qu'il pouvait en revanche l'améliorer quelque peu sur la parcelle de mètres carrés qui l'entourait. Peut-être l'histoire du petit colibri demandait-elle à être améliorée... Ainsi, le petit oiseau tentait d'éteindre l'incendie tant qu'il le pouvait en tentant de préserver son nid et ce qui entourait son nid, encourageant les autres animaux à en faire de même, et pourquoi pas en leur proposant de s'unir et s'entraider pour sauver les logis de chacun...

Et si chacun pouvait penser :

« Je ne peux pas changer ce système. Il est bien trop lourd pour moi.

Par contre, je peux apporter ma contribution pour le rendre meilleur. En créant mon oasis, et qui sait, si d'autres agissant de même, créent d'autres oasis, peut-être pourrons-nous faire des passerelles entre nos petits coins de paradis »

*Réflexion spirituelle extraite du Manuel de Déconnisation

Lorsque Diego partit du cimetière, deux petites mésanges apparurent, se mettant à piailler joyeusement autour de la tombe dans un balai aérien harmonieux, et l'accompagnant sur quelques mètres.

La mante religieuse

Célestine et Diego étaient tous deux calés l'un contre l'autre sur le clic-clac du salon. Elle s'était assoupie, laissant reposer sa tête dans le creux de son épaule. Tandis qu'il passait d'une émission à l'autre, il s'arrêta sur un dessin animé d'une chaîne pour enfants.
Suscitant son étonnement, l'un des personnages, une grosse mante religieuse verte, s'arrêta au centre de l'écran. Un zoom sur sa face rigolote, elle s'adressa au téléspectateur en le saluant de sa grosse pince et d'un clin d'œil, juste avant le mot « Fin » du générique.
« Tu es encore là toi ??! », pensa Diego.

Cette fois-ci, elle était apparue sous les traits d'un personnage sympathique qui semblait lui dire: « Oui je suis encore là ! Je viendrai parfois t'embêter mais tu n'as plus à me redouter comme par le passé. Tu as su m'apprivoiser, nous allons poursuivre ensemble notre chemin de vie terrestre en cohabitant pour le mieux. »

Diego avait dompté son diable intérieur. Restait à combattre le Diable extérieur. Et comme Colette avait l'habitude de le dire :
« A notre époque où règne le numérique et où tout message est récupéré, amplifié, déformé, il va se RÉ-GA-LER ! »
Dans ce terrible combat, Diego allait devoir gagner la foi en se répétant qu'il saurait faire face quoi qu'il arrive, que la souffrance faisait partie de la vie, et qu'il l'accepterait en prenant les risques qui étaient à prendre pour avancer.

Considérant que la vie est une surprise et qu'elle réserve de beaux cadeaux à ceux qui savent rester positifs, il gardait le sourire et s'évertuait à avoir la *Happy Ealthy Sexy attitude.*

« La suite de ce que me réserve la vie, je ne la connais pas. En revanche, ce que je sais... », pensa Diego.

« ... c'est qu'au moment de ma mort, je veux pouvoir penser, la conscience en paix, que toutes les particules de mon âme, et mon Âme toute entière avec mon corps et les molécules qui composent mon corps, auront formé une belle équipe... »

Et comme un trésor de mots précieux, comme un cadeau du ciel délicatement déposé sur l'autel de son cœur, une phrase douce et simple à la fois laissait émaner de lui une onde protectrice par la puissance du Verbe :

*« Je sais qui je suis et je sais ce que je vaux... »

*Réflexion spirituelle extraite du Manuel de Déconnisation

REMERCIEMENTS

À ma chérie pour son amour et sa patience… et il en faut pour supporter mon sale caractère et mes excentricités !

À ma mère et à mon père, pour leur amour, chacun à leur manière, et tout ce qu'ils m'ont permis de comprendre

À Colette, pour son enseignement et pour sa générosité
À Akila et Krys, pour leur soutien dans les épreuves

À Daniel, qui fut un modèle paternel pour moi

À mon ami Dédé, que j'aime très fort tout simplement

À ma fille, que j'aime, en espérant qu'elle franchisse un jour le seuil de la porte d'entrée du processus de déconnisation

À ma sœur que j'ai malmenée et à qui je demande pardon pour ma cruauté d'enfant

À tous ceux et toutes celles, qu'ils ou qu'elles soient cons ou connes, ou en processus de déconnisation, que j'ai un jour malmenés et à qui je demande pardon…

À ma famille, à mes amis, qui font partie de mon paysage

À tous ceux et toutes celles qui étaient là le jour de mes cinquante ans

À Raymond Redon et Romain Pacalier, mes professeurs de judo, qui furent des modèles paternels pour moi

À France Pacalier, qui a eu la patience d'une mère avec moi

À Ghislaine, Marie-Thérèse et Karine qui m'ont rendu une aide précieuse dans l'écriture de mon livre

À tous les cons et toutes les connes que j'ai croisés dans ma vie, qui m'ont permis d'apprendre et de grandir

Comme dirait Didier Barbelivien : « A toutes les filles que j'ai aimées… avant » (…avant de me déconniser bien sûr)

À mes patients dont j'ai beaucoup appris, qui tout comme moi, sont eux-mêmes en phase de déconnisation car nous sommes tous des élèves à l'école de la vie.

Sans oublier tous ceux et toutes celles dont j'ai croisé le chemin et qui ont compté pour moi, qui ont quitté cette vie terrestre… Paix à leur âme.

À Elvina pour ses talents de graphiste

À Justine pour sa gentillesse et le prêt de sa tablette tactile

À Cannelle, ma minette tricolore, ainsi qu'à tous les animaux et toutes les plantes qui m'ont accompagné dans mon projet d'écriture… car ils ont aussi une âme.

Merci L'Âme de l'Univers… autrement dit… Merci mon Dieu